GIACOMO BRUNO

FARE SOLDI ONLINE
CON BLOG E MINISITI

Guadagnare su Internet nell'Era dei Social Network e del Web 3.0

Titolo

"FARE SOLDI ONLINE CON BLOG E MINISITI"

Autore

Giacomo Bruno

Editore

Bruno Editore

Sito internet

http://www.brunoeditore.it

Sommario

Introduzione

Leggendo questa guida capirai come fare soldi, come comunicare, come persuadere e vendere via internet.

Conoscere la tecnologia, sapere dove siamo e dove andremo, è di fondamentale importanza per riuscire a cogliere le occasioni offerte dal web e dalle nuove tendenze che hanno, sempre più, come punto di riferimento l'utente.

L'interattività con i siti web è in continuo crescendo e lo sviluppo tecnologico ci sta facendo passare velocemente dall'epoca del Web 2.0 a quella del **Web 3.0**, all'insegna proprio dell'interazione e della personalizzazione. Il web sta progredendo e ci presenta i frutti di una ricerca e di uno sviluppo costante fatto di nuove applicazioni, tanto che ormai non si parla più, come una volta, di PC e basta, ma anche di altri dispositivi, come l'iPhone e gli ebook reader.

Per l'utente tutto diviene più facile e veloce, il mercato si espande e anche la concorrenza è sicuramente in crescita. Per queste ragioni diventa necessario che tu conosca la tecnologia, che tu sappia ottimizzare le tue risorse online attraverso le possibilità che essa ti offre e ricavare, così, vantaggi per il tuo business.

In questo ebook ti fornirò moltissimi spunti e idee per creare, costruire e ottimizzare il tuo **sito web o il tuo blog** e quindi come, attraverso esso, ottenere dei risultati economici concreti. Non solo, ti spiegherò anche l'importanza di un Social Network come **Facebook** e le opportunità che ti offre per ampliare il tuo business. Potrai triplicare le tue entrate, i tuoi guadagni seguendo tre semplici fasi.

La prima fase consiste nel creare contenuti **motivanti**, che ti permettano di catturare l'attenzione dei tuoi utenti, perché se non lo fai, cercheranno altrove i prodotti di loro interesse. Ricorda che i siti concorrenti sono a un clic di distanza.

La seconda fase consiste nell'**informare**. Dopo aver motivato, infatti, devi offrire dettagli tecnici, ricordando però che qualsiasi persona compra con il cuore, con le emozioni, e solo dopo giustifica razionalmente a se stessa la sua scelta. A tal fine ha necessità che tu le fornisca più informazioni possibili.

La terza fase, importantissima, consiste nel **rassicurare** i tuoi utenti, proteggendoli da qualsiasi pericolo. Devi assumere ogni rischio su di te, creare un clima di sintonia, di fiducia e di rapporto. Puoi riuscirci, ad esempio, fornendo garanzie. Queste possono consistere nel "100% soddisfatto", nel creare un numero verde, offrire assistenza tecnica o di approfondimento su tutto quello che fai.

È ovvio che, in tutto questo, il tuo **prodotto** deve essere la cosa in cui credi di più, devi essere il primo ad aver fede nella sua validità. In ogni caso, grazie a questa guida, imparerai come guadagnare sia che tu abbia un prodotto tuo, sia che rivenda prodotti di altri.

Capirai come comunicare via internet, come presentarti al meglio attraverso il tuo sito web, il tuo blog o il tuo account su Facebook e come fare soldi con internet. Il discorso è davvero molto ampio.

In particolare, imparerai come creare pagine web che funzionano. Sono in grado di parlartene, non perché abbia letto più di 1.000 libri sull'argomento negli ultimi cinque anni, né perché abbia creato più di un sito, semplicemente me ne occupo da molto tempo e ho fatto tanta esperienza operativa.

È dal 1998 che sono online e tutto è iniziato per caso. Non ero un appassionato di computer, semplicemente ero iscritto alla facoltà di Ingegneria e dovevo sostenere l'esame di informatica, quindi era necessario che imparassi a programmare e avevo bisogno di un computer per farlo. In particolare, dovevo scrivere piccoli programmi in Pascal, un linguaggio divertente che oggi credo sia ormai in disuso. Fatto sta che acquistai il mio primo computer, se escludiamo le console per videogiocare come Commodore 64, Amiga e Playstation. Dopodiché attivai una connessione ad internet, tutto ciò ai tempi in cui le connessioni si pagavano anche care. Iniziai a navigare e scovai molti siti interessanti e acquisii tante informazioni, però, dopo un mese ero già stufo di restare inerte a guardare. Io, infatti, amo agire, devo mettere in pratica ciò che imparo, devo operare. E così iniziò tutto.

Oggi come oggi, fare soldi online è diventato difficile anche in Italia. Il mercato cresce. Troppa concorrenza. Se sei stanco di investire e NON guadagnare, hai scelto bene, perché questa è la guida più autorevole che ci sia sul mercato. Nel 2006 ho portato il concetto del "Fare Soldi Online" in Italia. Da allora centinaia di persone hanno imparato a guadagnare su internet grazie alle strategie che insegno e che io stesso utilizzo. Ora tocca a te!

Buona lettura,

Giacomo Bruno

GIORNO 1: WEB MARKETING

Tanti anni fa, avevo una grande passione per i videogiochi e, navigando su internet, incontrai un gran numero di siti con questo oggetto: tutti mal costruiti o rinvianti, tramite un link, a siti inglesi. In lingua italiana c'era ben poco sull'argomento. Fatto sta che decisi di creare un mio sito web contenente tutti i trucchi e le soluzioni. Per documentarmi, visitavo i siti inglesi di videogiochi, traducendo in italiano tutte le informazioni che mi interessavano. Dopodiché mettevo il tutto in ordine alfabetico creando una sorta di database e, ogni tanto, aggiornavo questi contenuti. È stata davvero una faticaccia creare il mio sito da zero, senza nessuno che mi potesse aiutare e senza essere esperto del settore, ma ce l'ho fatta.

In seguito, ho iniziato a pubblicizzarlo inviando messaggi a quei pochi amici che all'epoca avevano l'email, o intervenendo nei forum sui videogiochi, e il sito iniziò ad essere visitato. Fu per me davvero eccitante, perché se un mese prima non ero nessuno,

nessuno mi conosceva, dopo aver costruito un primo sito che funzionava bene, ottenevo fino a 300 visitatori al giorno che a quei tempi erano davvero oro.

Naturalmente il sito non mi rendeva niente, ma mi divertivo e, forse, proprio per questo motivo funzionava. Sappi che internet è nato sul gratis, perché a tutti fa gola scaricare gratuitamente materiale. Oggi si hanno gratis informazioni e news, per tanti anni qualcuno scaricava, senza pagare, anche servizi o software, e poi cosa è successo? Che le varie società presenti su internet, dopo il periodo d'oro, il boom della new economy tra il 1998 e il 2000, hanno deciso di mettere alcuni servizi a pagamento. Il fenomeno, infatti, si stava sgonfiando, ma perché? È chiaro, perché con il gratis le aziende non vanno avanti, non funzionano. Un'azienda che ha da pagare dei dipendenti, una linea, una banda, un server sul quale tenere il suo sito, che magari è super visitato, di che vive se tratta solo il gratis? Infatti la maggior parte delle società della new economy erano in rosso, vivevano in perdita.

Per calcolare il valore di un'azione in Borsa ci si basa, tra l'altro, su un semplice indicatore, il prezzo sugli utili, detto P/E. Ad esempio, l'azienda Tiscali, ideatrice dell'internet gratis, il cui titolo il Borsa è andato per un certo periodo in maniera eccellente, sai che P/E aveva? Non calcolabile. Perché non aveva nessun utile, era in perdita! Non avendo alcun indicatore, non poteva funzionare a lungo termine e infatti è crollata facendo perdere ai suoi investitori, in gran parte piccoli risparmiatori, oltre il 90% del valore delle azioni acquistate.

Un'azienda che lavora solo con il gratis non può funzionare. Così, negli anni seguenti, si sono sviluppate moltissime tecniche su come comunicare su internet e si è fatto un grande studio sull'usabilità dei siti, la **web usability**, ovvero la facilità con cui è possibile usare un sito internet. Questo aspetto mi ha appassionato molto da subito, anche perché studiavo la PNL (Programmazione Neuro-Linguistica) e mi interessavo alla comunicazione, alla psicologia delle persone, in particolare degli utenti e dei clienti. Ho trovato che la web usability fosse realmente efficace e risolutiva di molti problemi.

Su questo argomento ho costruito la mia tesi di laurea in Ingegneria, sfruttando tutte le tecniche di PNL che conoscevo nello scriverla, e tutte le tecniche di comunicazione a me note nel discuterla, tanto è vero che andò benissimo. Arrivai alla discussione reduce da un corso di public speaking, quindi sapevo anche ben parlare in pubblico. Avevo in mano tutte le carte più giuste per fare un buon lavoro e infatti discussi nel miglior modo possibile.

Iniziai rivolgendomi alla commissione: "Avete presente quando siete davanti al computer cercando qualcosa che non trovate?", i commissari, che in genere sono completamente assenti, erano lì con gli occhi spalancati. Tutti coloro che navigano su internet, sono sensibili a questo problema e certo non potevano far eccezione degli esperti come loro. Chissà a quanti utenti sarà successo, navigando, di sapere cosa cercare senza avere idea di come cercarlo. Dopo aver inserito la parola desiderata nella stringa del motore di ricerca, appaiono, al malcapitato di turno, un gran numero di risultati che non c'entrano niente, generando in lui una forte frustrazione. Grazie a questo stratagemma, come ti dicevo, ho attirato subito l'attenzione dei commissari. Poi ho offerto loro la **soluzione**, ovvero la web usability.

SEGRETO n. 1: un sito web deve essere usabile, chiaro e facile da navigare.

Creare un sito facilmente usabile, è la risposta. Utilizzare le regole di web marketing per rendere un sito affascinante, quindi non più solo informativo, è il segreto per realizzare una buona vendita. In effetti, su internet cerchiamo informazioni su prodotti o altro, ma sono sufficienti per spingerci ad acquistarlo? Compreresti un prodotto per il quale ottieni tante informazioni ma che non ti motiva affatto? Ovviamente no. Quindi, qualsiasi cosa tu venda o pensi di vendere su internet deve, prima di tutto, raggiungere l'obiettivo di motivare il cliente. Il web marketing non è diverso dalla vendita tradizionale in questo caso, la motivazione è comunque alla base di tutto, ed è da lì che occorre partire.

Probabilmente dirai che non c'è nulla di nuovo, che è un qualcosa di risaputo. A maggior ragione lo dovrebbero sapere i grandi siti che assumono super esperti di usabilità e di web marketing. Tuttavia, se navighi sui siti di commercio elettronico più famosi in Italia e nel mondo, non ne trovi uno solo che ti motivi. Se vai su Amazon a cercare un libro, ti accorgi che, certo, è il sito numero uno al mondo per il commercio elettronico, è fatto benissimo da un punto di vista di usabilità, ma non motiva molto all'acquisto. Spesso non trovi che due righe di descrizione per libro e nessuna motivazione a comprare. I volumi non sono presentati in modo accattivante, non si capisce quali benefici potranno offrire all'acquirente. Manca totalmente la parte motivazionale, c'è solo quella informativa.

Prova a navigare sui siti di televisori e troverai le stesse mancanze. Tempo fa mi ero deciso a comprare la tv al plasma da 50 pollici e, dopo aver girato vari negozi e averne visti svariati tipi, tutti dai prezzi altissimi, tentai di acquistarla tramite internet per cercare di risparmiare. Navigai a lungo senza riuscire a trovare un modello che realmente mi interessasse, e nei pochi casi in cui ne trovavo uno che mi convinceva, era ormai esaurito. A quel punto mi ritrovavo a pensare: "Ma cosa lo pubblicizzano a fare se l'hanno esaurito?". Ancora, mi è capitato di trovare scritto in un sito che era possibile ordinarlo e che mi sarebbe arrivato in 5-20 giorni. Cosa!? Io credo ci sia una bella differenza tra 5 e 20 giorni. Cercai il nome di quel sito sui newsgroup e c'erano molte testimonianze di persone che si lamentavano parlando di consegne attese anche per uno-due mesi.

Che dire? Non sono riuscito a comprare la tv su internet, ti rendi conto? Volevo acquistarla, ero disposto a spendere migliaia di euro e non me l'hanno permesso. È accaduto perché, sì, clicchi sulla parola tv, trovi i siti più attraenti ma nessuno che ti dica quanto è bella la tv che cerchi, quanto è rilassante startene seduto comodo sul divano di casa tua con il plasma a 50 pollici davanti e giocare alla Playstation o guardare in dvd il tuo film del cuore con tua moglie. Magari sarebbe stata proprio quell'immagine ad emozionarmi e a spingermi a comprare.

In realtà neanche nella compravendita fisica, fatta in negozio, si premurano di motivarti, però, almeno, c'è un minimo di rapporto umano, fai due chiacchiere col commerciante, puoi chiedere: "Allora cosa ne pensi? Me lo consiglieresti?", in qualche modo un buon venditore è in grado di spingerti all'acquisto. Su internet è più difficile, non c'è rapporto umano, non c'è una persona che ti motiva, hai una pagina web più o meno statica, ferma, con delle scritte o delle immagini. Ci sono siti che non inseriscono neanche le immagini.

Io compro e leggo circa 50 libri al mese su Internet Book Shop (IBS.it), la più completa fra le librerie online. Devo però rilevare un suo piccolo difetto: di molti libri non trovi la foto. Questo è demotivante nel caso tu stia facendo una ricerca per argomento, perché se cerchi, ad esempio, PNL o Web Marketing sul motore di ricerca di IBS e non ti appare la foto del testo, non ti premuri di cliccare per approfondire.

La PNL, Programmazione Neuro-Linguistica, è la neuro-scienza che da trenta anni studia ciò che funziona, ciò che ha successo, ovvero la differenza che fa la differenza. Quei piccoli dettagli che, appunto, fanno la differenza nella vendita, nella comunicazione, nel web marketing, nella seduzione e in qualsiasi settore.

Forse sono tra i primi ad applicare la PNL al web marketing, ai siti web, ai blog. Sono stato il primo ad applicare la PNL alla Borsa o ai minisiti. Non ho trovato nessun libro di questo genere in Italia. Sono fiero del lavoro che sto facendo e internet è un grande, grandissimo mezzo.

Chi ha seguito il mio corso sulla ricchezza, ovvero sul come diventare ricchi, ha capito che l'agiatezza non deve arrivare dal lavoro, dallo stipendio mensile. Una vita trascorsa ad alzarsi la mattina e tornare la sera per prendere lo stipendio a fine mese, è impiegata ad inseguire il denaro in cambio del lavoro. Il tempo, in questo modo, viene totalmente speso per lavorare, invece si presume che si voglia possedere dei soldi per avere sicurezza, serenità, poter passare più tempo con i propri amici, con la famiglia o a divertirsi. Chi passa tutto il proprio tempo a lavorare, che se ne fa dei soldi?

I soldi devono arrivare da **rendite**, da attività esterne che non dipendono in rapporto uno a uno dal tuo lavoro. Tu lavori, bene, ma, nel frattempo, ottieni profitti da un investimento in Borsa, da un libro che hai scritto o altro. Cioè lavori una volta e poi quel lavoro produce da solo altri soldi. Si tratta del **valore residuo**.

SEGRETO n. 2: internet è l'unico mezzo per creare velocemente rendite automatiche di denaro.

Io ho iniziato da giovanissimo a lavorare su internet ed ho sempre avuto il mio sito, la mia attività, la mia rendita grazie al web. Tuttora la mia attività è via internet, anche se troverai i miei libri e i miei videocorsi il libreria o altrove. Quindi devi creare attività esterne al tuo lavoro e internet è il mezzo più efficace che hai a disposizione, devi solo saperlo usare nel modo giusto. Se lo fai sperando di vendere un prodotto senza motivare le persone e senza far capire ad esse a cosa quel prodotto serva, non approdi a molto.

Qualcuno potrebbe dire: "Bene, oggi mi insegni tutti le tecniche, capirò esattamente ciò che mi stai dicendo, come si struttura un sito e come si vende, solo che io non ho prodotti da vendere, cosa vendo?". Su internet puoi vendere veramente qualsiasi cosa. Su Ebay ho visto, poco tempo fa, che un giapponese aveva messo in vendita la sua anima, roba da pazzi! Quindi, come ti dicevo, puoi vendere di tutto, anche la tua fronte per degli spazi pubblicitari, puoi fare qualsiasi cosa.

Ebay, ad esempio, è un sito che ti permette di vendere, ma quante delle sue pagine sono strutturate in maniera motivante? Le rare volte che ho comprato un prodotto tramite Ebay, era perché effettivamente, era ben fatta la pagina. Se hai letto il mio ebook "Fare Soldi Online con Ebay" sai di cosa parlo: quando decido di piazzare un mio prodotto su Ebay, creo una pagina fatta talmente bene che lo vendo in pochissimo tempo.

Se non hai un tuo prodotto, puoi decidere di aderire a un programma di affiliazione e vendere i prodotti di qualcun altro. Posso parlarti del nostro caso concreto, visto che Bruno Editore ha un programma di affiliazione. Come funziona? Noi ti riconosciamo fino al 30% di commissione su ogni acquisto effettuato dai clienti che ci mandi e ti paghiamo regolarmente. La commissione è molto alta se confrontata a quelle che riconoscono altri programmi di affiliazione, quindi conviene sia all'affiliato che a noi. Alcuni dei nostri affiliati, guadagnano anche 5.000 euro al mese con questo sistema.

Inoltre, con lo sviluppo e l'espansione del mercato dell'editoria digitale, siamo riusciti ad abbassare notevolmente il prezzo dei nostri prodotti con grande soddisfazione sia dei nostri clienti, tanto che le vendite sono decuplicate, sia dei nostri affiliati, che hanno visto aumentare esponenzialmente i loro guadagni.

SEGRETO n. 3: puoi creare rendite automatiche di denaro sia con prodotti tuoi che con i programmi di affiliazione.

Uno di loro ha creato un sito tramite il quale pubblicizza i miei prodotti, strutturato con i principi e le regole di buona comunicazione che conosce, in cui ha inserito pagine simili alle mie. Provvisto, ovviamente, di un link che rimanda al mio sito e la transazione avviene su brunoeditore.it. Dunque lui non ha fatto altro che creare delle pagine e mettere dei link. Poi è anche ben posizionato sui motori di ricerca, ha una newsletter su cui pubblicizza i prodotti e guadagna migliaia di euro in commissioni, basta seguire delle regole. Non hai prodotti da vendere? Non c'è problema, vendi quelli di qualcun altro e riesci a guadagnare. Ti bastano poche ore di lavoro per la creazione del sito, lo strutturi bene, ci dedichi tempo e attenzione, dopodiché quel sito lavora da solo. Con i **blog** è ancora più facile: in meno di un minuto puoi creare un sito già strutturato, con la grafica che più ti piace e averlo online immediatamente senza spendere un centesimo!

Dopo il sito di videogiochi, ho creato un sito di cellulari, e anche lì proponevo materiale gratuito come suonerie, loghi, recensioni e schede dei telefoni. Certo il gratis funziona, attira, ed è ciò che le persone cercano su internet più di ogni altra cosa. Io lavoravo per passione, in quel momento non pensavo al business. Avevo qualcuno che ogni tanto mi chiedeva di inserire sul mio sito una sua pubblicità, benissimo, però intanto accumulavo visitatori, utenti. Ne avevo 10.000 al giorno ed erano tanti per me, all'epoca, lo sarebbero tuttora.

Poi cosa è successo? C'è stato il boom delle suonerie a pagamento, quindi la gente che aveva servizi come gli 899 o i dialer, comprava pubblicità su tutti i portali del mondo. Dal portale generico come Libero o Yahoo, ai siti targettizzati, come poteva essere il mio; quindi ho venduto veramente tanta pubblicità. Cosa facevo? Niente, continuavo ad aggiungere alcune suonerie gratis, mettevo la scheda del telefonino nuovo, facevo esattamente lo stesso lavoro che mi prendeva mezz'ora al giorno, e intanto il sito lavorava, vendeva e produceva soldi.

Internet, per me, è il mezzo migliore che esista perché crea attività **a costo zero**. Pensa, invece, a quanto spenderesti per creare un negozio: moltissimo denaro. Se acquisti le mura sei finito, ti accolli un mutuo che non finisce più, se lo affitti paghi il mutuo a chi l'ha comprato. Poi ristrutturalo, arredalo, gestiscilo, tieni una persona o più di una persona a lavorare fissa, crea un magazzino per i prodotti... Devi fare un investimento enorme. Al contrario internet è pressoché gratuito. Al massimo puoi registrare un tuo dominio con lo spazio web, che, in assenza di visitatori, non ti costa nulla. Se hai più di una banda, vuol dire che hai molti visitatori, quindi si presume che il tuo sito lavori e che tu possa permetterti qualcosa di più sofisticato. Il blog rimane, però, la scelta più veloce e gratuita.

Una volta creato, ti basta aggiornarlo ogni tanto. Il mio partner nel programma di affiliazione di cui ti parlavo poco fa, non lo aggiorna neanche; ogni qualvolta creiamo un nuovo prodotto, aggiunge una paginetta e un link nelle novità e finisce lì, e questo gli fornisce una rendita di migliaia di euro al mese. Pensa che ha meno di 20 anni, ma è intelligente e sta sfruttando una grande opportunità.

Il web marketing applicato a blog, minisiti e Social Network funziona molto bene. La prima mossa da fare per una pagina ben funzionante è motivare, la seconda è informare e la terza è rassicurare. Così è strutturato il sito di Bruno Editore. Avrai poi la possibilità di verificare direttamente da internet che, effettivamente, spiego tutto quello che faccio, non ho segreti. La pagina è lì, funziona, è stata ottimizzata centinaia di volte, vi aggiungo nuove cose in continuazione, e infatti è davvero lunghissima. Probabilmente non rispetta perfettamente le regole della web usability, però si carica velocemente e soprattutto vende.

L'idea è che, nella vendita, i passi sono sempre questi: motivare, informare e rassicurare. Probabilmente ti sarà capitato, entrando in un negozio, di trovare venditori che, come prima cosa, ti fanno la lista delle cose che hanno. Non solo non ti ascoltano, non ti fanno domande, che sono alla base della vendita, per capire ciò che tu vuoi, ma preferiscono sciorinarti tutte le informazioni che possiedono sui prodotti; perde tempo il venditore e lo fa perdere al potenziale acquirente che, invariabilmente, scappa. Un buon venditore dovrebbe chiedere al cliente cosa gli interessa, cosa sta cercando, qual è il suo obiettivo. Solo in seconda battuta potrà mostrargli, tra la merce presente in negozio, ciò che più può fare al suo caso. È essenziale che ci sia un orientamento al cliente, nel caso di internet, all'utente. Il venditore non orientato all'utente, parla dei suoi prodotti e non si chiede come possano essergli utili, che invece è l'unica cosa veramente importante. Se seguirai le strategie illustrate nella guida, otterrai sicuramente una risposta positiva da parte dei tuoi utenti.

C'è un sistema per triplicare i risultati di un sito, che ho creato a partire da una vecchia formula di Jay Abraham, un autore che ha scritto dei testi straordinari, purtroppo ancora non tradotti in italiano. È veramente valida anche se semplicissima, ti dice che per qualsiasi cosa tu venda, con qualsiasi mezzo, a maggior ragione tramite internet, hai degli elementi fissi. Ne ho parlato anche nel mio ebook "Fare Soldi Online con Google", anche se nella guida che stai leggendo ora, la approfondisco ancora di più aggiungendo un quarto elemento, ovvero il numero di volte che un cliente torna sul tuo sito per comprare altri prodotti.

1) **Visitatori**: sfruttare i motori di ricerca e gli annunci sponsorizzati di Google Adwords o Yahoo Search Marketing per ottenere migliaia di visitatori a costi bassissimi.

2) **Clienti**: creare un minisito che, in una sola pagina, trasformi semplici visitatori in clienti disposti a comprare e fare acquisti.

3) **Prodotti**: guadagnare sulla vendita di prodotti tuoi o di altri, sfruttando i segreti dei programmi di affiliazione migliori del mondo.

4) **Ritorno**: guadagnare sulla vendita di altri prodotti agli stessi clienti che hanno già acquistato da te in passato.

SEGRETO n. 4: le tue rendite mensili sono date dal numero di Visitatori che diventano Clienti, comprano Prodotti e Ritornano nel tempo.

Quindi se, ad esempio, il tuo sito viene visitato ogni mese da 10.000 persone e, in media, 1 su 100 compra un prodotto, avrai 100 clienti (10.000 x 1% = 100). Se vendi a 100 euro il tuo prodotto ed ognuno lo acquista una sola volta, guadagni 10.000 euro (100 clienti x 100 euro).

VISITATORI CLIENTI PRODOTTI RITORNO TOTALE
10.000   x 1%   x 100€   x 1   = 10.000€

Potresti pensare: "Bene, potrei usare delle strategie per vendere di più, ma, se lo faccio, di quanto può aumentare il numero di persone che acquistano i miei prodotti?"; se già divenissero un 50% in più, sarebbe oro. Dipende da te, dal modo in cui hai ottimizzato la tua pagina. Magari è solo informativa, ha solo due righe, quindi il 50% di clienti in più si può ottenere facilmente, invece di 100 clienti al mese, nel totalizzi 150. Poi, aumenti il guadagno medio da 100 a 150 euro, ad esempio creando dei pacchetti di prodotti da vendere in offerta. Vendi dei videocorsi? Ne vendi due o tre insieme a un prezzo molto conveniente, in ogni caso il guadagno mensile aumenta.

Poi, per assicurarti un ritorno, crei delle offerte ad hoc per coloro che sono già tuoi clienti, facendo in modo che tornino a comprare qualcos'altro da te. Magari c'è chi sta facendo la collezione dei tuoi videocorsi e gli mancano esattamente i due o tre che hai messo in offerta o l'ultimo che è uscito e per questo torna a comprare. La percentuale di persone che ritornano potrebbe aumentare da 1 a 1,5%. Finora abbiamo aumentato solo del 50% i singoli fattori, giusto? Le entrate mensili però non sono solo il 50% in più:

VISITATORI   CLIENTI   PRODOTTI   RITORNO   TOTALE
10.000   x 1,5%   x 150€   x 1,5   = 33.750€

Infatti passiamo da 10.000 euro a 33.750! Triplicate, anzi, più che triplicate. Ecco dimostrato che se lavoriamo singolarmente sui vari settori della formula, possiamo triplicare i guadagni semplicemente aumentando del 50% ciascun ambito.

SEGRETO n. 5: aumenta di poco i singoli fattori per triplicare le tue entrate.

In realtà non è neanche del tutto esatto, infatti il numero di visitatori è rimasto costante. Abbiamo ipotizzato che siano sempre gli stessi 10.000. Ma la verità è che i visitatori sono il parametro più facile da variare, infatti basta comprarli su Google Adwords, il programma pubblicitario di Google che consente di acquistare nuove visite a pochissimi centesimi di euro. Puoi approfondire queste strategie su "Fare Soldi Online con Google".

In questo caso non ce ne serviremo, ma ci concentreremo sugli altri tre fattori, ovvero clienti, prodotti e ritorno. Esistono strategie per incrementare soddisfacentemente i fattori della nostra formula e ne parleremo. Però, ricorda, è possibile triplicarli molto più facilmente di quanto si possa pensare e vale la pena lavorare su tutti e tre. Posso dirti che noi, semplicemente utilizzando queste strategie, siamo passati da una sola pagina in cui c'era una foto piccolina ed una brevissima descrizione del video, tipo: "Questo corso tratta di autostima, ci sono delle tecniche, strategie molto pratiche e tanti esercizi", alla pagina super ottimizzata che abbiamo ora.

Tra l'altro questo accadeva non dieci anni fa, ma un paio di anni fa. Abbiamo cambiato ed ottenuto un raddoppio, un 100% in più in ciascun settore, il numero dei clienti, il prezzo di vendita e il ritorno di chi aveva già comprato per un totale pari ad **otto volte tanto la cifra iniziale**. Come? Semplicemente cambiando una pagina web...

Ti rendi conto di quanto sia importante conoscere queste strategie? Quando ho assemblato tutte queste tecniche, alcune già a me note e altre prima sconosciute, mi sono reso conto di essere stato un pazzo a non averle ancora utilizzate. Io te le farò conoscere tutte, quindi qualsiasi prodotto tu venda potrai, in realtà, molto più che triplicare i risultati. Dipende da quale sia la tua base di partenza. Se la tua pagina è già ben ottimizzata, ovviamente sarà più difficile migliorare il rendimento perché occorrerà lavorare sul prodotto. Se invece, al contrario, hai una pagina ancora tutta da ottimizzare e parti quasi da zero, proprio come me a suo tempo, puoi lavorare molto bene.

Come ti dicevo, inizialmente avevo previsto, per ogni mio prodotto, null'altro se non una breve didascalia di poche righe. Tuttavia non centravo nessuno degli obiettivi di un buon sito web, non motivavo, non informavo efficacemente, né tanto meno rassicuravo. Il segreto è seguire il tuo sito con assiduità ed ottimizzarlo ogni settimana per ottenere grandi risultati.

Ti faccio un esempio di ottimizzazione del prodotto tanto semplice quanto efficace. Devi sapere che mia moglie fa collezione di dvd Disney; ogni volta che ci rechiamo in una videoteca con l'intenzione di acquistare un nuovo film è sempre incerta se farlo per scrupolo di averlo già a casa. Se la Disney avesse pensato a numerare i suoi dvd, con una politica orientata al cliente, avrebbe ottenuto molteplici effetti positivi. Una numerazione progressiva, ci avrebbe permesso di compilare una breve lista per ricordare quali dvd già abbiamo e quali non abbiamo. In secondo luogo potremmo, per completare la collezione, decidere di acquistare anche il dvd che non ci interessa. Se ho i numeri dall'1 al 50, pensi che non compro anche il numero 9 pur non interessandomi del tutto quel film? Certo che lo faccio, perché il mio cervello mi porta a riempire, a volere la collezione completa a casa mia. Numerando si crea una mania, si stuzzica il collezionista che c'è in tutti noi e si ottengono risultati favolosi.

Tutto questo l'ho testato sul sito di Bruno Editore, infatti non appena ho avuto questo colpo di genio, mi sono affrettato a numerare i miei videocorsi. È bastato farlo per spingere i vecchi clienti a comprare nuovi dvd per completare la collezione, alcuni di loro mi hanno chiesto le copertine numerate dei video che già avevano per poter ordinare i mancanti. Cosa che ho fatto tranquillamente. E non stiamo parlando dei 20 euro di un dvd Disney, ma dei 190 euro di un videocorso.

Oggi, a distanza di alcuni anni, ho fatto decine di piccole modifiche e, sempre seguendo tutte le strategie che ti spiego in questa guida, abbiamo creato delle integrazioni tra i prodotti davvero straordinarie. Non ultima quella all'interno di un blog.

Questa sì che è una vera novità nel settore dell'e-commerce. In Italia, infatti, i blog si stanno diffondendo solo in questi ultimi tempi e pensare a un'applicazione dei blog come siti web atti a vendere dei prodotti è un'arma davvero potente e una vera anticipazione del futuro.

RIEPILOGO DEL GIORNO 1:

- SEGRETO n. 1: un sito web deve essere usabile, chiaro e facile da navigare.

- SEGRETO n. 2: internet è l'unico mezzo per creare velocemente rendite automatiche di denaro.

- SEGRETO n. 3: puoi creare rendite automatiche di denaro sia con prodotti tuoi che con i programmi di affiliazione.

- SEGRETO n. 4: le tue rendite mensili sono date dal numero di Visitatori che diventano Clienti, comprano Prodotti e Ritornano nel tempo.

- SEGRETO n. 5: aumenta di poco i singoli fattori per triplicare le tue entrate.

GIORNO 2: MINISITI E BLOG

Di minisiti ho parlato in diverse mie pubblicazioni, quindi penso che il concetto sia ormai di uso comune. Si tratta di un sito web composto da una sola pagina, ottimizzata al massimo e che segue passo per passo quelli che, secondo me, sono i tre pilastri del web marketing: motivare, informare e rassicurare.

La maggior parte dei siti americani che funzionano, sono composti di una sola pagina. L'autore non investe granché nel sito, nella grafica, nei servizi, bensì si concentra su uno spazio limitato. I giovani milionari americani che si sono arricchiti con il web, hanno siti di una pagina nella quale vendono il loro prodotto, quale esso sia.

Forse hai già sentito parlare di minisiti nel mio precedente libro "Fare Soldi Online in 7 Giorni". Molti di coloro che lo hanno comprato, hanno creato un minisito per pubblicizzare alcuni prodotti, con risultati economici davvero eccellenti. Migliaia di euro al mese con una sola pagina web.

I vantaggi sono diversi. Innanzitutto un minisito è professionale e curatissimo nei dettagli: essendo di una sola pagina, puoi migliorarlo all'infinito. Guarda questo esempio:

Puoi far sì che sia veramente dettagliato, specifico su un certo prodotto ed ottimizzarlo al massimo. In una pagina puoi inserire di tutto, caratteristiche, benefici, garanzie, risultati ottenuti, prove, testimonianze e quant'altro. Il minisito è facile da utilizzare ed ha massima usabilità: è solo una pagina, se non strutturi bene quella, figuriamoci un sito web di grandi dimensioni!

Puoi usare il minisito anche per rivendere i prodotti degli altri, partecipando a un programma di affiliazione. Ad esempio, affiliandoti al programma di Bruno Editore, puoi creare un minisito che parla di crescita personale per poi suggerire ai tuoi visitatori di approfondire acquistando un libro o un videocorso. Questo viene ancora meglio con un blog, come vedrai tra poco.

Quello di Bruno Editore, ad esempio, è un sito composto di decine di pagine dove si vendono moltissimi prodotti. Se le hai viste, ti sarai accorto che sono lunghissime. Perché per me ogni pagina dedicata a un prodotto è, a tutti gli effetti, un minisito nel quale inserire tutti i benefici, le caratteristiche, le foto, le testimonianze, le garanzie, e così via. Sì, alla fine risultano pagine piuttosto lunghe, ma, credimi, mai come nel caso dei minisiti americani.

Se i miei minisiti si scorrono in 6-7 schermate, in America puoi avere fino a 20 schermate. Vai giù, vai giù e non finiscono mai, finché non hai comprato ti forniscono ogni tipo di informazione. La questione è: sei hai poche informazioni, potresti non comprare. Se ne hai troppe, al limite non le leggi, ma comunque compri. In realtà, va detto che ci sono tantissimi studi che raccomandano il contrario di quello che ho appena affermato, ovvero di non dilungarsi troppo perché un'eccessiva ampiezza rende il minisito fondamentalmente inutilizzabile. Che è bene non dilungarsi, se possibile, per più di due schermate, perché alle persone non piace scorrere molte pagine.

È verissimo ed è uno dei pilastri della usabilità, un concetto esposto nella mia tesi di laurea e in molti testi come quelli di Jakob Nielsen, che è il guru, il creatore, il fondatore della **web usability**, il numero uno al mondo. Tre di questi sono stati tradotti in italiano, Web Usability, Web Usability 2.0, Home Page Usability. Purtroppo il più bello è ancora disponibile esclusivamente in edizione inglese, si intitola E-commerce User Experience. Leggendolo impari tutto sull'e-commerce, sui siti di vendita, tutto lo scibile sulla web usability applicata ai siti di vendita. Tuttavia il concetto di usabilità che ci propone Nielsen, è ancora molto classico. Il suo sito ideale ha una sua struttura abbastanza complessa, di varie pagine, con link ciccabili e non annovera, nel concetto di usabilità, il sito monopagina. Anche perché, a dire il vero, la pagina singola è spesso talmente ricca di contenuti che è pesante e quindi molto lenta da caricare. Che dire? Questi siti, a dispetto di qualsiasi teoria, funzionano benissimo e siccome in Programmazione Neuro-Linguistica ci interessiamo a ciò che funziona, possiamo anche disinteressarci, per una volta, del fatto che, teoricamente, siano meno usabili.

Sappi che per me l'usabilità è un credo, se qualcuno mi dice che potrei migliorare il mio sito a livello di grafica o di effetti, io mi rifiuto di farlo, perché sono certo che tutto questo ne renderebbe meno immediata la comprensione e quindi danneggerebbe l'usabilità. Ora, probabilmente sono un estremista in questo, però sono aperto alla possibilità di cambiare idea se qualcuno riesce a dimostrarmi il contrario. Nel caso dei minisiti è andata esattamente così, e, essendomi reso conto che il sito monopagina è una realtà perfettamente funzionante, mi sono arreso all'evidenza. In fin dei conti il motivo principale per cui una persona crea un sito è vendere e fare soldi, quindi occorre guardare all'efficacia in termini di obiettivo da raggiungere.

Certo, l'usabilità è importantissima, e infatti io ottimizzo continuamente il mio sito, tuttavia non è possibile trascurare la presenza e il successo di questi minisiti che permettono buone vendite contro un investimento davvero modesto in soldi e tempo. Comprando pubblicità su Google o Yahoo e pagando pochi centesimi a clic, si ottiene un ritorno enorme in termini di clientela.

Io spendo migliaia di euro al mese in pubblicità online ed ho sempre un ritorno pari al 300-400%. Consiglio sempre di provare, testare, qualsiasi cosa si intenda intraprendere, mai rinunciare in partenza. Metti una pagina online e testane il gradimento; poi, pian piano, inizia a modificare qualche cosa, ad esempio il contenuto del titolo, o lo slogan e vedi se c'è un ritorno maggiore in termini di utenza.

Io mi sento di affermare che se il minisito è ben fatto, così come ti insegnerò, attiri talmente tanto l'attenzione sin dall'inizio, che le persone sono portate a proseguire la lettura sino alla fine del testo. Soprattutto non hanno la possibilità di uscire, cioè di andare a navigare, a cliccare altrove. La strategia di un minisito, consiste nel fatto che, al contrario di un sito multipagina, puoi andare in una sola direzione, non puoi far altro che leggere e scorrere. Fino al pulsante di acquisto.

Quando visualizzi un sito di una sola pagina, sai di trovarci tutto, se vuoi lo puoi stampare interamente, non c'è nulla di nascosto, hai tutto lì. Non puoi navigare oltre, non puoi andare da nessuna parte, non ti puoi disperdere, o compri o te ne vai, e spesso quando sei a un bivio, decidi di comprare.

SEGRETO n. 6: il minisito è un'unica pagina molto ottimizzata e finalizzata alla vendita di un prodotto.

Quindi, anche se le teorie dell'usabilità non amano pagine così lunghe, e nonostante io sia un grande appassionato di usabilità, non mi trovo assolutamente d'accordo e l'esperienza me lo conferma. Da quando abbiamo creato pagine così lunghe, le vendite sono decuplicate.

Oltretutto nel marzo 2007, e poi ancora a luglio 2007, persino lo stesso Jakob Nielsen, pur rigido nelle sue posizioni, ha ammesso che nei siti e-commerce uno dei massimi errori è creare pagine dei prodotti troppo scarne di informazioni. Se un cliente non ha sufficienti informazioni, non compra. È un dato di fatto e, a quanto pare, se ne è accorto anche il numero uno al mondo.

La mia idea è che un sito che vende non deve necessariamente seguire le medesime regole di usabilità di altri siti web, come portali o altro. Infatti è vero che l'abitudine ci porta a scorrere le pagine molto velocemente alla ricerca di informazioni, ma questo non vale per i siti e-commerce.

Infatti quando compriamo un prodotto, vogliamo sapere tutto il possibile e più informazioni un sito ci offre, più siamo sicuri del nostro acquisto. Quindi, nel momento in cui siamo noi a vendere, dobbiamo offrire il massimo ai nostri clienti e il minisito è uno strumento particolarmente efficiente.

Una forma particolare di minisito, è il **blog** stesso. Apri un qualsiasi blog italiano o americano e troverai un punto in comune ben preciso: pagine lunghissime e decine di articoli su una singola pagina. Alla faccia delle regole di usabilità!

In realtà non ho mai sentito nessuno lamentarsi di questa ormai diffusa consuetudine. Ad oggi, sono oltre 100 milioni i blog nel mondo e la web usability non deve far altro che prenderne atto, infatti essa nasce con l'intento di aggregare degli standard e invitare a utilizzarli il più possibile. Se lo standard diffuso è quello di creare pagine lunghe, di conseguenza le pagine lunghe diventano la nuova regola. Questa è la mia idea.

Mi sembra che sia anche l'idea generale del Web 2.0, dove il contenuto non è più creato dalle aziende ma dagli utenti stessi secondo le proprie esigenze. E se queste sono le esigenze, non rimane altro che accettarle e adattarsi.

I blog funzionano, sono uno spazio aperto dove esprimere liberamente le proprie idee e le proprie convinzioni. Molto famoso in Italia, con l'incredibile cifra di 200.000 visitatori al giorno è il blog di Beppe Grillo:

Beppe Grillo, celebre per la sua accanita difesa dei consumatori e i suoi attacchi a politica e aziende famose, ha trasformato una semplice pagina web in un qualcosa di più potente di un partito politico, nel quale milioni di persone al mese si riuniscono e si scambiano idee, semplicemente attraverso i commenti agli articoli di Grillo.

Il blog può essere anche un diario personale, un modo per tenere traccia dei propri pensieri, un modo per condividere idee.

Persino molte aziende hanno aperto un blog per comunicare meglio con i propri clienti, per rispondere alle domande più frequenti, nonché per condurre ricerche di marketing a costi bassissimi. In fondo, avere la possibilità di parlare direttamente con i consumatori, significa sapere esattamente cosa vogliono, cosa non va bene e cosa può essere migliorato. E si instaura un clima di maggiore fiducia.

Per quanto mi riguarda, ho creato il mio blog www.giacomobruno.it, semplicemente per condividere le mie idee con le 200.000 persone che mi seguono ogni giorno. Pur avendo la possibilità di comunicare con loro attraverso la newsletter, questo strumento rischia di essere troppo freddo e commerciale. Al contrario, il blog mi permette un **rapporto diretto**, intenso, di reciproco scambio. Certe volte nel mio blog lancio un'idea e chiedo agli utenti di lasciare dei commenti per capire come migliorare tutti insieme. Oppure me ne servo come strumento per aggiornarli sulle novità a cui sto lavorando. Una cosa è annunciare in newsletter l'uscita di un nuovo libro, un'altra cosa è informare ogni giorno le persone che mi seguono su tutti i passi che sto compiendo nello scriverlo.

Un giorno dico che ho un'idea per una nuova guida e raccolgo i pareri che mi arrivano dagli utenti. Un altro giorno metto sul blog la bozza della copertina e chiedo i commenti. Insomma, è un modo per partecipare tutti insieme allo stesso viaggio.

Naturalmente il blog può essere anche uno strumento commerciale. Molti giovani milionari americani, hanno creato blog di successo nei quali, semplicemente, parlano dei migliori prodotti che sono loro capitati per le mani.

SEGRETO n. 7: puoi fare soldi con i blog utilizzandoli come minisiti finalizzati alla vendita di prodotti.

Io ti garantisco che quando leggi una recensione che ti parla bene di un prodotto, sei portato a comprarlo molto più facilmente. Tanto più se ti fidi della persona che scrive la recensione. Ad esempio io sono uno che continua a formarsi ogni giorno. Coerentemente al mio lavoro, credo molto nella formazione per cui seguo decine di corsi e master ogni anno e leggo almeno 20 libri nuovi al mese. E mi capita di citarli nel mio blog. Se trovo un libro o un corso che mi ha colpito veramente, non esito a parlarne e fargli buona pubblicità. In genere questo si traduce in centinaia di vendite per il sito pubblicizzato.

Ebbene, gli americani ne hanno fatto un business. Ci sono aziende che ti inviano gratis i loro prodotti o che, addirittura, ti pagano per scrivere una recensione dei loro prodotti sul tuo blog. E parlo di cifre considerevoli. Se non mi credi fai una visita su www.reviewme.com.

Anche se solo in inglese, ad oggi offre il miglior servizio, il più puntuale nei pagamenti e il più affidabile. Vedrai che da qui a qualche mese, arriverà la versione italiana, quindi fatti trovare preparato con il tuo blog.

SEGRETO n. 8: puoi fare soldi con i blog scrivendo recensioni per conto di aziende che ti pagano per farlo.

Ma puoi anche semplicemente scrivere delle recensioni e guadagnare sulle vendite dei prodotti altrui. Infatti ti basta partecipare a un qualsiasi programma di affiliazione per guadagnare consistenti commissioni di vendita. Ho già sperimentato personalmente questa strategia e funziona molto bene, al punto che l'ho consigliata anche ai miei affiliati.

Tutto è iniziato dopo un corso tenuto da un americano che mi ha insegnato la tecnica delle recensioni. Mi disse che, prima della vendita, ci deve essere un passo denominato "pre-vendita", utile per porre l'utente in stato di apertura mentale. La recensione crea la pre-vendita e per questo funziona molto bene.

Forse hai già visto alcuni dei nostri minisiti dedicati alle recensioni, nei quali vengono messe a paragone le migliori guide al fare soldi online, alla seduzione e così via.

Sono molti gli affiliati che hanno promosso queste pagine e ottenuto migliaia di euro in commissioni. In questo caso, senza doversi neanche affaticare a scrivere delle recensioni originali, ma semplicemente pubblicizzando recensioni già pronte.

SEGRETO n. 9: puoi fare soldi con i blog scrivendo recensioni su prodotti che rivendi tramite programma di affiliazione.

Quello che, però, rappresenta il presente e il futuro del fare soldi online con i blog, è senza dubbio scrivere delle recensioni originali, veritiere e frutto delle tue idee. Ti sottolineo l'ultimo concetto: le recensioni devono essere veritiere, quindi non tutte necessariamente positive al 100%, altrimenti perdi credibilità perché chiunque capirebbe che stai solo pubblicizzando un prodotto. Invece, il bravo "blogger" è colui che scrive quello che pensa indipendentemente dalla casa madre a cui si è affiliato.

Sembra assurdo dire queste cose da parte mia, potrebbe essere controproducente. Il rischio è che potresti parlar male dei miei prodotti, se non ti sono piaciuti. Però è proprio quello che voglio: se un prodotto non ti piace, è giusto che tu lo scriva, con una recensione costruttiva in cui ci segnali cosa vorresti vedere migliorato. Se invece ti è piaciuto, ti chiedo di fare lo stesso: scrivere una recensione positiva e indicare comunque cosa miglioreresti, sono informazioni preziose per adattare i miei prodotti alle esigenze degli utenti.

Quindi dove sta il tuo guadagno? Semplice, all'interno della tua recensione, inserirai un link personalizzato con il tuo codice di affiliato verso il prodotto che stai recensendo, in questo modo tutte le persone incuriosite vi cliccheranno sopra e potranno arrivare ad acquistarlo. E tu guadagni il 30% su ciascuna vendita.

I migliori affiliati guadagnano, in questo modo, diverse migliaia di euro al mese. Ogni giorno scrivono una nuova recensione o parlano di singoli aspetti di un certo prodotto. In questo modo, possono creare centinaia di recensioni anche sugli stessi prodotti.

Uno degli aspetti più interessanti del blog è che tutti gli articoli rimangono sempre disponibili in archivio. Ciò vuol dire che sono sempre accessibili sia agli utenti che ai motori di ricerca.

Questo vuol dire che anche blog appena nati o con non molti contenuti, hanno un afflusso costante di visitatori nuovi ogni giorno, vuoi per passaparola, vuoi perché i motori di ricerca hanno indicizzato i vari articoli e quindi li rendono sempre disponibili ai loro utenti. *In assoluto le affiliazioni sono il metodo migliore esistente per fare soldi con i blog.*

Altri metodi, tipo usare le pubblicità di Google AdSense, possono portarti poche decine di euro al mese e, per chi non ha un blog molto visitato, rischia di essere una frustrante perdita di tempo. Ne parleremo tra poche pagine. Con le recensioni che, invece, rappresentano una novità assoluta in Italia, puoi guadagnare molto bene ogni mese. Una volta ho recensito un corso gratuito su Google Adwords e la mia semplice segnalazione ha portato migliaia di iscritti.

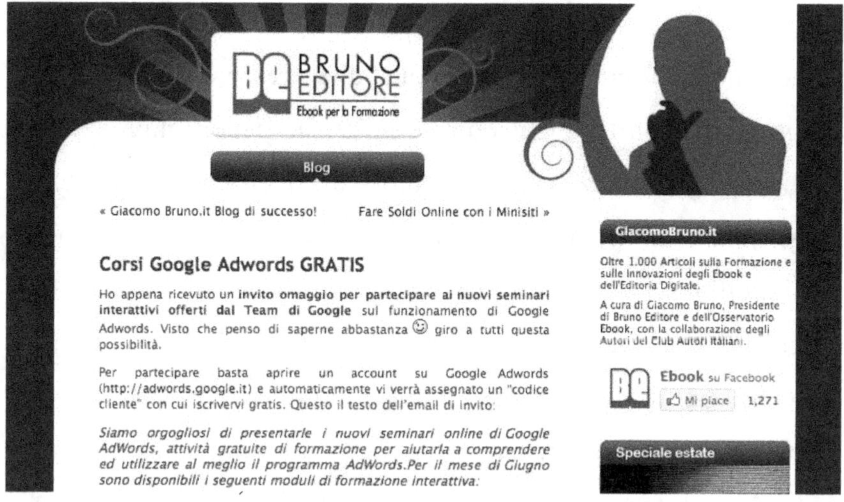

Il costo per realizzare una struttura del genere? **Zero.** Creare un blog è assolutamente facile, veloce e gratuito.

SEGRETO n. 10: aprire un blog richiede zero spese, zero esperienza, zero tempo.

I servizi più utilizzati sono Blogger, WordPress e Splinder. Personalmente ti consiglio **Blogger** perché, tra i vari servizi, è quello con la maggiore usabilità del sito. Inoltre è di proprietà di Google, e non penso sia un caso che le pagine web realizzate su Blogger siano particolarmente ben indicizzate dai motori di ricerca!

Devi sapere, infatti, che ogni volta che crei un articolo (detto anche "post") su un blog, puoi scegliere le parole chiave per le quali intendi indicizzarlo sui motori di ricerca e, ovviamente, scegli anche il titolo dell'articolo. Questo titolo diviene anche l'Url dell'articolo, ovvero l'indirizzo internet sul quale il tuo articolo viene visualizzato. Se fai un articolo che si intitola "Recensione di Fare Soldi Online", allora l'Url dell'articolo diventerà in automatico:

http://NOMEBLOG.blogspot.com/articoli/recensione-di-fare-soldi-online/

Questo ne favorisce la presenza sui motori di ricerca perché l'Url già contiene le medesime parole chiave di tuo interesse e correlate all'articolo. Una funzione indubbiamente degna di attenzione che, senza alcuna conoscenza di programmazione, ti permettere di avere pagine già ottimizzate per i motori di ricerca.

SEGRETO n. 11: i blog vengono ben indicizzati sui motori di ricerca senza alcun tuo intervento di ottimizzazione.

Questo è Blogger: per iniziare la procedura di creazione del tuo blog, clicca sulla freccia arancione "Crea il tuo blog adesso":

1) Vai su https://www.blogger.com/start?hl=it, clicca su "Crea il tuo blog" e inserisci i tuoi dati:

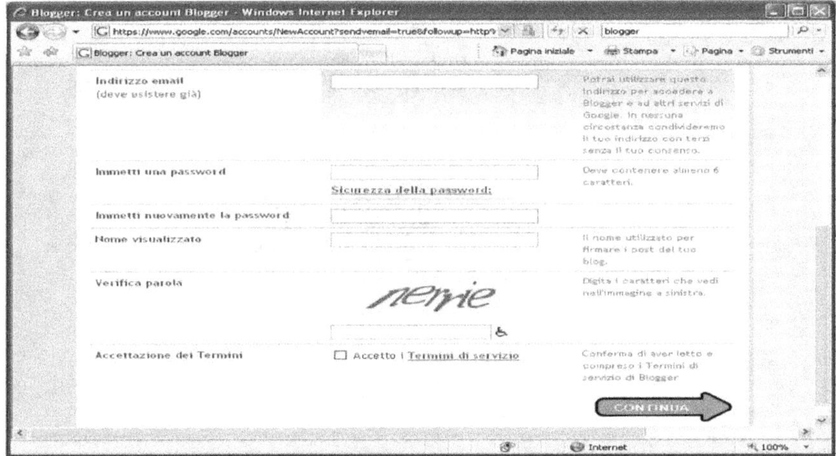

2) Scegli un nome per il tuo blog:

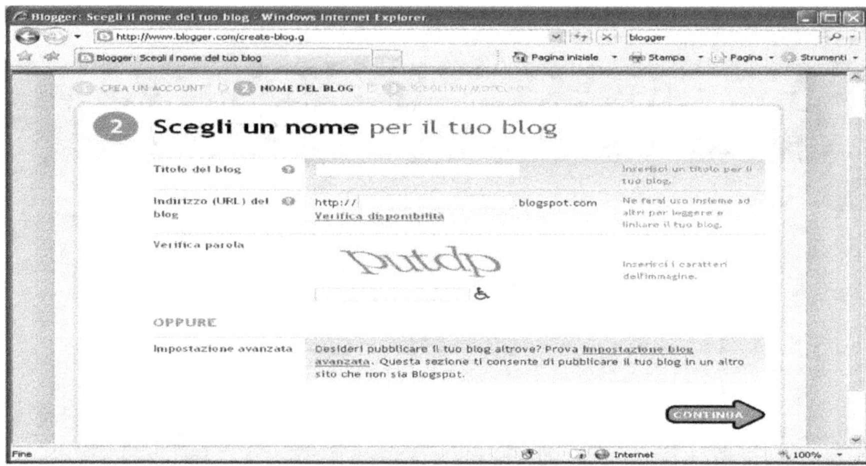

3) Scegli un design grafico che ti piace:

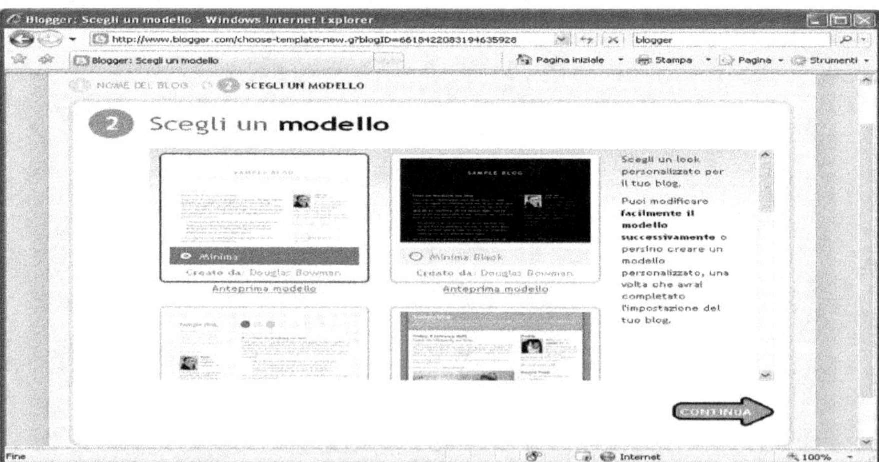

4) Il tuo blog è pronto ed è già online!

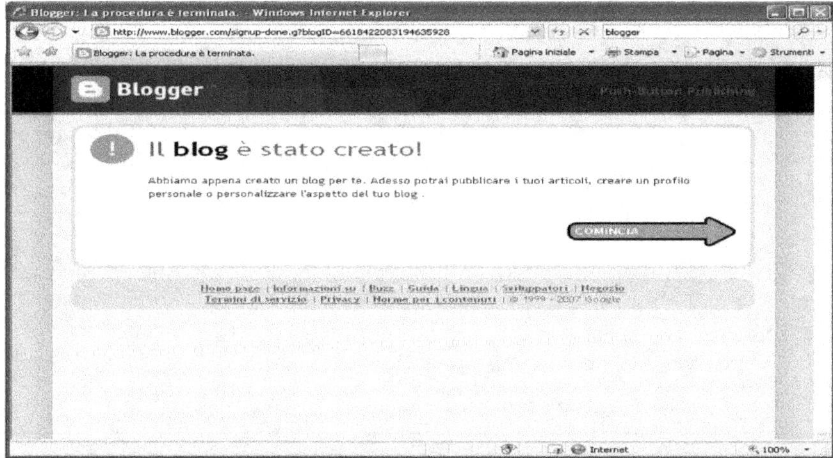

5) Inserisci il tuo primo articolo, titolo, testo e parole chiave:

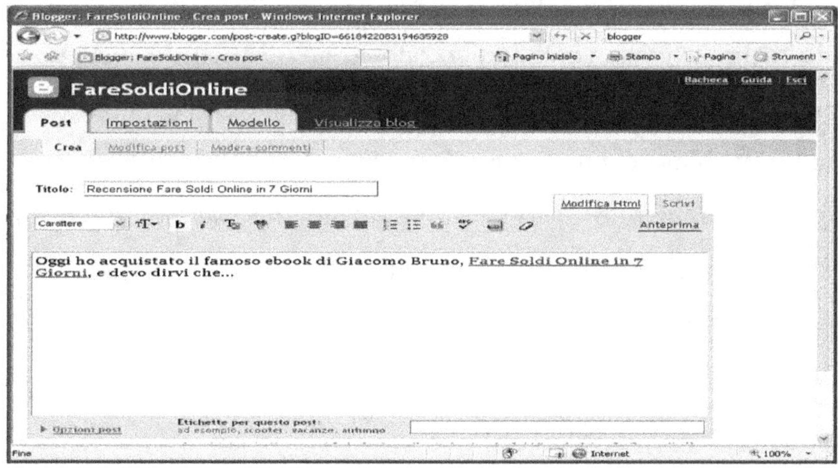

6) Il tuo articolo è subito online!

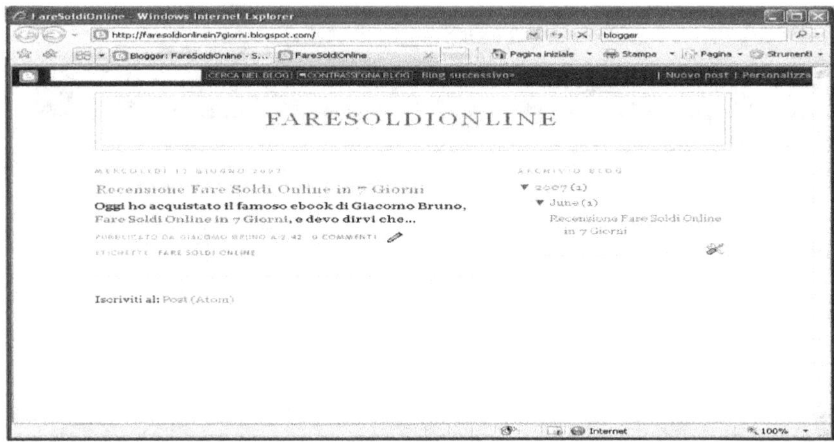

Come hai visto, è facile e immediato. Questo è il motivo per cui sono stati creati milioni di blog nel giro di pochi anni. In soli 5 minuti puoi creare un blog ed essere già online, con la certezza che il tuo articolo verrà indicizzato in automatico dai maggiori motori di ricerca (Google, Yahoo) e dai motori specializzati in ricerca di blog, come Google Blog Search e Technorati. Questo succede perché tutti i servizi di blog hanno uno strumento che si chiama "ping" e che avvisa automaticamente i motori ogni volta che aggiorni il blog con un nuovo articolo. Un sistema geniale, efficiente e veloce.

Ovviamente, hai decine di opzioni per personalizzare il tuo blog, modificare il modello, i colori, le impostazioni di base, aggiungere link e così via. Puoi persino inserire dei filmati presi da YouTube o Google Video semplicemente inserendo l'argomento che ti interessa. Questo non è particolarmente utile ai fini del fare soldi online, ma è un servizio che rende sicuramente più interessante il tuo blog.

In ogni caso, sappi che non devi conoscere nulla di tutto ciò e che puoi essere online veramente in cinque minuti. E, di conseguenza, iniziare a guadagnare da subito. In Italia esistono decine di programmi di affiliazione, quindi puoi rivendere qualsiasi prodotto, dai testi di librerie online celebri come Ibs o Il Giardino dei Libri ai prodotti di Ebay. E naturalmente puoi partecipare al nostro programma di affiliazione che ti riconosce percentuali altissime su tutti i prodotti. Il vantaggio consiste nel fatto che mandare persone sul nostro sito, brunoeditore.it, significa avere prodotti di altissima qualità, pagine ben ottimizzate e una percentuale di vendita molto elevata.

Un altro modo per guadagnare con i blog, è mettere della pubblicità: alcuni utilizzano Google AdSense, che ti consente di guadagnare soldi semplicemente inserendo dei banner sul sito. Il problema è che le commissioni sono molto basse e se non hai migliaia di visitatori, non è affatto facile guadagnare somme considerevoli. Sinceramente, l'obiettivo di questa guida non è aiutarti a guadagnare 100 euro al mese, ma costruire rendite da migliaia di euro.

Se cerchi online l'argomento del fare soldi con i blog, troverai che tutti ti consigliano Google AdSense, anche il maggior blog americano sull'argomento e ti dimostra che funziona portandoti il risultato: 10.000 dollari al mese di guadagno.

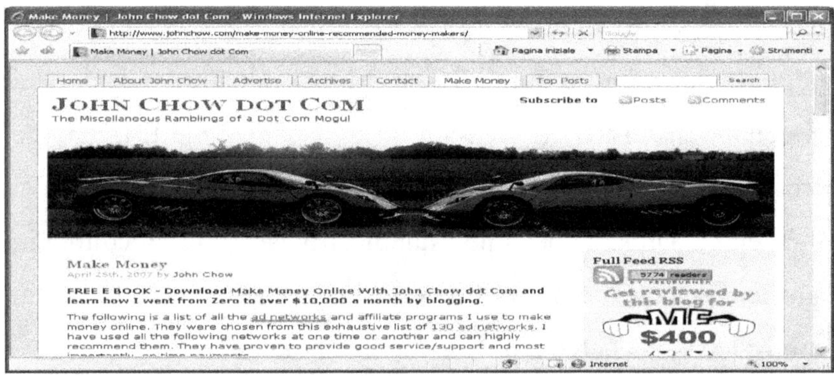

Peccato che l'autore non si rende conto di quanti soldi sta perdendo. Infatti è vero che guadagna 10.000 dollari al mese, ma se io avessi in mano il suo blog e i suoi numeri, stai sicuro che guadagnerei almeno 1.000.000 di euro al mese.

Non è una frase da spaccone, quello che voglio dirti è che se hai centinaia di migliaia di visitatori e sei tra i primi 60 blog del mondo (!), un guadagno di 10.000 dollari è assolutamente ridicolo.

Lui, comunque, ti spiega il suo "brillante" metodo all'interno di un **ebook gratuito**, quindi, se sai l'inglese, ti consiglio di scaricartelo per accrescere la tua cultura in materia:

http://autostima.net/raccomanda.php?id_link=43

Cosa significa tutto questo per te? Molto semplice. Se il numero uno al mondo del fare soldi con i blog guadagna con Google AdSense solo 10.000 dollari, allora per te non ci sono speranze di realizzare buoni introiti partendo da zero con un blog nuovo. Non è colpa di Google AdSense, è l'intero sistema basato su clic a non essere molto efficace.

La mia esperienza, invece, è piuttosto diversa: ho un centesimo dei visitatori di John Chow, però guadagno dieci volte tanto. E, così, anche i miei affiliati sono in grado di guadagnare belle cifre.

Infatti una forma pubblicitaria che funziona molto bene e garantisce ottime commissioni anche se hai poco traffico sul blog, è proprio il **programma di affiliazione** di Bruno Editore.

Questo perché ho progettato personalmente una serie di banner pensati apposta per essere inseriti in un blog. Poiché non vieni pagato per clic, ma in **commissioni** sulle vendite, può bastare che una persona compri, ad esempio, la collezione di videocorsi, per farti guadagnare centinaia di euro in una sola volta.

Inoltre, poiché ciascun banner contiene una decina di link, praticamente tutti troveranno almeno un prodotto di loro interesse, per cui farai necessariamente tanti clic e tante vendite.

SEGRETO n. 12: puoi fare soldi con i blog inserendo i banner pubblicitari della Bruno Editore basati non sui click ma sulle commissioni.

Questa è la procedura:

1) Vai su http://www.Autostima.net/partner/ e registrati

2) Entra nel tuo pannello di controllo e clicca su "Hai un sito?":

3) Copia il codice Html del banner 120x600 (ideale per blog):

PNL Segreta
Ebook, di Giacomo Bruno

Investire in Borsa
Ebook, di Giacomo Bruno

Dieta 5-Sensi
Ebook, di Giacomo Bruno

Lettura Veloce 3x
Ebook, di Giacomo Bruno

Cerca **Ebook** e premi invio:

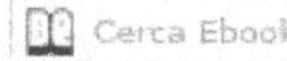

Ebook

```
<!-- Banner Verticale -->
<style type="text/css">
.linkebook {color:#000000; font-size:11px; TEXT-DECORATION: none}
.linkebook a {color:#000000; TEXT-DECORATION: none} </style>
<iframe src="http://www.autostima.net/partner/bannerconv.php?
pp=3446&categoria=&colore=" width="190" height="745" border="0"
```

4) Torna nel tuo blog, clicca su "Modello" e poi su "Aggiungi un elemento Pagina" sulla colonna laterale:

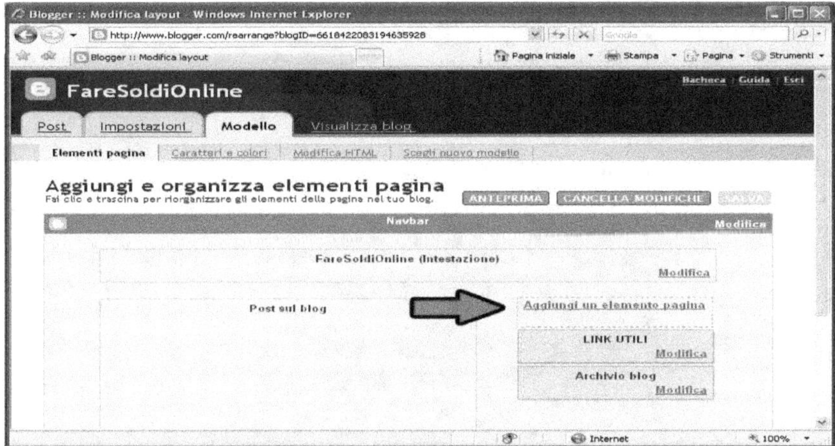

5) Clicca su HTML/Javascript – Aggiungi al blog

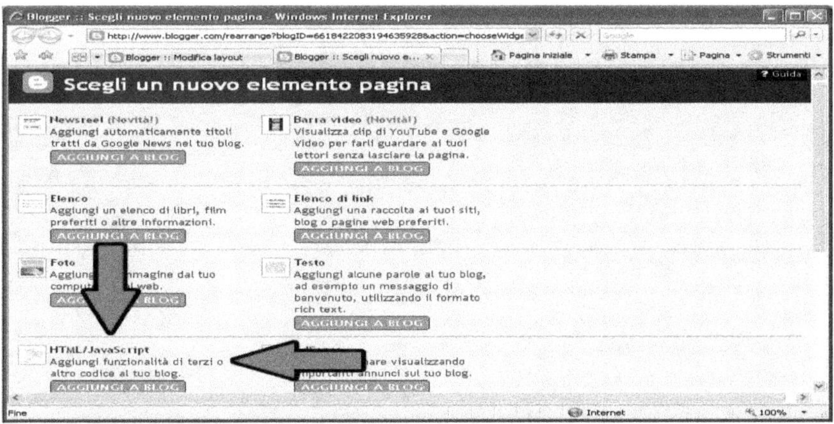

6) Intitola "Risorse Utili" e incolla il codice Html del banner 120x600 che avevi copiato nel pannello affiliati di Bruno Editore.

7) Il tuo banner è subito online nel tuo blog!

"Il Fattore Network" è nato per offrire finalmente a tutti questo genere di conoscenza. Nelle pagine del mio libro vi spiegherò come **arricchire i vostri network in modo costante e continuativo**, garantendovi così le risorse di cui avete bisogno per **realizzare al meglio la vostra vita** in ogni suo aspetto.

In particolare, scopriremo insieme le regole su cui si basa la **costruzione e lo sviluppo di un network solido**. Percorreremo un viaggio emozionante ed unico, in grado di offrirvi una nuova **consapevolezza sui vostri network** e su tutte quelle **abilità di networking** che difficilmente sviluppereste in modo autonomo.

Se anche voi, come me, siete rimasti affascinati dall'**enorme potenziale** nascosto nelle pieghe dei network che vi circondano, non vi resta che **scaricare il capitolo gratuito de Il Fattore Network** e cominciare a leggere.

A cura di Stefano Calicchio
Autore di **Il Fattore Network** e **L'Ufficio Stampa 2.0**

👍 Mi piace Piace a 7 persone.

Tags: collegamento di idee, ebook, Fattore network, l'ufficio stampa 2.0, networking, ottenere successo, potenziale, realizzarsi nella vita, relazioni sociali, social network, stefano calicchio, successo – Categorie: Autostima, Crescita Personale, Crescita Professionale, autori, benessere, comunicazione, ebook – Home: Ebook | Edit | 7 Comments »

Su Bruno Editore l'ebook dei numeri 1 al mondo!

Luglio 20th, 2010

Ciao ragazzi, è con grandissimo orgoglio che vi annuncio l'ingresso di altri due grandi nomi del nostro catalogo!

Dopo **Anthony Robbins**, **Stephen Covey**, **Jeffrey Gitomer**, **Brian Tracy**, **Robert Dilts**, **Louise Hay** e **Vianna Stibal** è in arrivo una coppia semplicemente eccezionale del mondo della crescita personale: il **formatore n.1 in Italia** e il **medico-formatore n.1 al mondo**, che ci presentano in esclusiva il loro **nuovo attesissimo ebook**.

È straordinariamente semplice e veloce, e puoi anche inserire gli altri banner presenti nel tuo pannello di controllo su brunoeditore.it.

Infatti più banner inserisci, più prodotti pubblicizzi, più possibilità hai di incontrare l'**interesse** dei tuoi visitatori. Ad esempio, puoi introdurre un altro banner verticale 120x600 subito sotto al primo che hai inserito: la procedura è la stessa.

Se, invece, vuoi inserire un altro banner a fondo pagina, puoi farlo cambiando solo un paio di passaggi, il 3) e il 4).

3) Copia il codice Html del banner 728x90:

4) Torna nel tuo blog, clicca su "Modello" e poi su "Aggiungi un elemento Pagina", quello in fondo alla pagina:

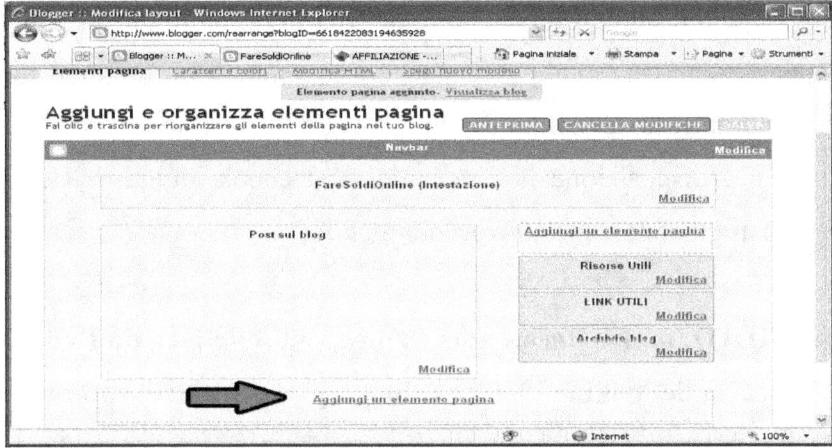

Per il resto la procedura è identica, inserisci il codice Html nell'apposito spazio e poi salvi per confermare. Ed è subito online in fondo alla pagina del tuo blog:

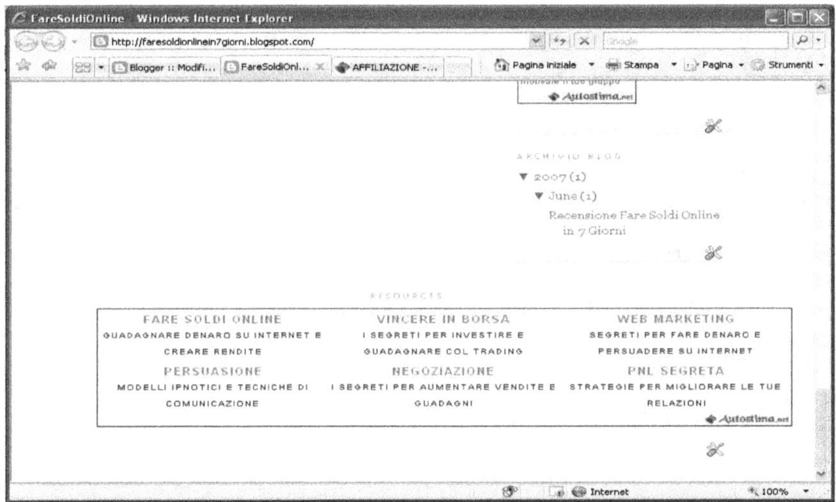

Questo ti consente di iniziare a guadagnare da subito perché tutti gli utenti che passeranno dal tuo blog troveranno un prodotto di loro gradimento segnalato dal tuo banner. La cosa interessante è che hai a disposizione il banner dei Top ebook, quindi hai già segnalati gli ebook che convertono meglio.

SEGRETO n. 13: inserendo banner pubblicitari di Bruno Editore sulle pagine del tuo blog, puoi iniziare subito a guadagnare.

Lo so, può sembrare scontato che io pubblicizzi come "migliore" il mio stesso programma di affiliazione, ma su internet contano solo i risultati e io ne ottengo molti, quindi ciò che ti propongo è basato su anni di esperienza e risultati concreti.

In ogni caso il blog, a differenza del classico minisito che punta su un solo prodotto, ti consente di partecipare tranquillamente a tutti i programmi di affiliazione che trovi, è solo questione di aggiungere una recensione in più su questo o quel prodotto. Quindi puoi sperimentare sia il nostro che quello di altri.

Il blog ha, però, alcuni punti in comune fondamentali con il minisito, ovvero i 3 pilastri del web marketing essenziali per la vendita online: motivare, informare e rassicurare, che in questa guida trovi spiegati in maniera molto approfondita per la prima volta.

Riepilogando, puoi guadagnare con il tuo blog **scrivendo recensioni** che parlino di prodotti che hai provato e che ti senti di consigliare. In fondo è una cosa che già fai e nessuno ti paga per farlo. Pensa a tutte le volte che hai consigliato quel certo prodotto o quel sito ai tuoi amici. Se avessi ricevuto qualche euro per ogni consiglio, oggi saresti milionario!

Quello che, invece, da oggi potrai fare, è monetizzare questa tua esperienza. Se ci pensi, la maggior parte delle professioni si basa su questo: un avvocato che ti indica come muoverti in una certa situazione, ti consiglia in base a quello che sa e che ha provato. E per farlo ti chiede migliaia di euro per ogni consulenza. Così come l'idraulico o l'architetto: ti fanno pagare per i loro consigli.

Nello stesso modo, puoi scrivere delle recensioni per consigliare certi prodotti e guadagnare da essi. Nulla ti vieta di scrivere anche nel tuo blog, nella massima onestà: "Ragazzi, oggi ho letto l'ebook di Giacomo Bruno su come guadagnare con i blog. Ve lo consiglio assolutamente, non perché io mi sia iscritto al suo programma di affiliazione, ma perché troverete davvero tanti consigli utili e pratici. E il fatto che io mi sia iscritto, vuol dire che ne vale davvero la pena!". Essere onesti e parlare in maniera trasparente credo che sia la scelta migliore, quella che ti premia a lungo termine. Perciò vai tranquillo, iscriviti a uno o più programmi di affiliazione, scrivi recensioni sui prodotti che rivendi e ciascuna recensione rendila accattivante mediante lo schema Motivare – Informare - Rassicurare che avremo modo di approfondire nei prossimi capitoli.

In alternativa puoi guadagnare con il tuo blog inserendo **banner pubblicitari**: in tal caso ti consiglio vivamente di cercare programmi di affiliazione che ti pagano non a clic ma a commissione sulle vendite, in modo da poter guadagnare cifre notevoli anche se hai pochi visitatori sulle tue pagine.

Per aumentare le visite, ti suggerisco di aggiornare il tuo blog più spesso possibile con **articoli interessanti**, per ricevere traffico sia dal passaparola sia dai motori di ricerca. I guru dei blog consigliano di aggiornarlo non meno di 2 volte a settimana, altrimenti le persone non ti seguiranno. Su internet c'è tanta concorrenza e gli utenti sono affamati di contenuti freschi e originali. Più assiduamente lo aggiorni, meglio è, sia perché le persone verranno a visitarti più spesso e quindi vedranno di più i tuoi banner, sia perché i motori di ricerca prediligono i siti aggiornati più frequentemente.

Se all'inizio trovi difficoltà a scrivere materiale nuovo, posso consigliarti delle risorse online davvero ottime che forniscono contenuti per chi ne ha bisogno. I migliori che conosco in italiano sono: www.Articolista.com e www.ContenutiGratis.net.

I nomi già ti fanno capire di cosa si tratta: sono siti nei quali ogni autore può inserire i propri articoli e dal quale ogni webmaster può prelevare articoli di proprio interesse per inserirli nel proprio sito, rispettando ovviamente citazioni e link all'autore e al sito. Questo ti consente di inserire ogni giorno **articoli gratis** sull'argomento di tuo interesse.

Questa strategia può esserti d'aiuto in alcuni casi, non deve però sostituire il fatto di scrivere anche tuoi articoli originali, altrimenti i motori di ricerca si accorgono che i tuoi contenuti sono uguali a quelli di altri siti e quindi ti penalizzano. Pertanto devi dare spazio alla tua creatività, con articoli nuovi e di un certo spessore. Puoi scrivere articoli su qualsiasi argomento, in particolare su ciò che ti **appassiona**. Sono sicuro che hai almeno un hobby o un lavoro che ti entusiasmano parecchio, quindi racconta tutte le tue esperienze o le tue idee. Parla di ciò di cui hai una conoscenza profonda. Scegli la tua **nicchia** e creati una forte autorità, diventa l'esperto del settore.

Ci sarà sempre qualcuno pronto a seguirti e fornirti nuove idee, o a lasciare commenti. Rispondi sempre ai commenti e usali come spunto per nuovi articoli. Anche in questo caso non trascurare di scrivere in maniera motivante per attirare l'attenzione e suscitare l'interesse delle persone: segui lo schema Motivare – Informare – Rassicurare che vedrai nei prossimi capitoli.

Infine puoi guadagnare con il tuo blog usandolo come **minisito e-commerce**, cioè come un sito web di una pagina dove tu promuovi un prodotto, che sia il tuo o quello di qualche programma di affiliazione. Il vantaggio rispetto al minisito tradizionale è che il blog è gratuito, facile e intuitivo da gestire, online dopo 5 minuti dalla creazione senza conoscere nulla di Html e programmazione. Non hai bisogno di modificare le pagine con un editor tipo FrontPage o Dreamweaver, né di programmi Ftp per caricare online le pagine. Infatti tutte le piattaforme di blogging ti danno il blog già pronto e tutto lo spazio di cui hai bisogno per essere subito online. Inoltre puoi variare la grafica del tuo blog in qualche secondo, semplicemente selezionando il design che più ti piace da una serie di modelli già pronti. Straordinario.

Anche in questo caso, e a maggior ragione perché stavolta usi il blog come sito e-commerce, dovrai seguire lo schema Motivare – Informare – Rassicurare.

RIEPILOGO DEL GIORNO 2:

- SEGRETO n. 6: il minisito è un'unica pagina molto ottimizzata e finalizzata alla vendita di un prodotto.

- SEGRETO n. 7: puoi fare soldi con i blog utilizzandoli come minisiti finalizzati alla vendita di prodotti.

- SEGRETO n. 8: puoi fare soldi con i blog scrivendo recensioni per conto di aziende che ti pagano per farlo.

- SEGRETO n. 9: puoi fare soldi con i blog scrivendo recensioni su prodotti che rivendi tramite programma di affiliazione.

- SEGRETO n. 10: aprire un blog richiede zero spese, zero esperienza, zero tempo.

- SEGRETO n. 11: i blog vengono ben indicizzati sui motori di ricerca senza alcun tuo intervento di ottimizzazione.

- SEGRETO n. 12: puoi fare soldi con i blog inserendo i banner pubblicitari della Bruno Editore basati non sui click ma sulle commissioni.

- SEGRETO n. 13: inserendo banner pubblicitari di Bruno Editore sulle pagine del tuo blog, puoi iniziare subito a guadagnare.

GIORNO 3: MOTIVARE

Il primo pilastro di un blog di successo, e, in generale, di qualsiasi sito, consiste nel **motivare** le persone. Tu devi motivarle altrimenti non vendi e, ancora peggio, non attiri l'attenzione di nessuno. Infatti, soprattutto nel caso del blog e di Facebook, il focus primario non è il "vendere", ma stabilire un rapporto con le persone, creare fiducia e sintonia, fornire agli utenti un motivo valido per continuare a leggerti e seguirti.

Seguiresti un sito che non desta la tua attenzione? Un blog che non ti attira, che non parla di argomenti interessanti, che non è in grado di comunicarti nulla? Certamente no. E questo è il presupposto per pensare poi a come guadagnare. Ma se non riesci neanche a motivare le persone a seguirti, allora la speranza di coinvolgerle e portarle ad acquistare i tuoi prodotti o i prodotti che tu consigli è pari allo zero.

Un esempio che faccio spesso è: ti faresti consigliare, nell'acquisto della tua casa, da un agente immobiliare con cui non entri in sintonia? No, e allora perché una persona dovrebbe farsi consigliare dei prodotti da uno di cui non si fida o con cui non ha stabilito un rapporto?

SEGRETO n. 14: un blog di successo deve creare un rapporto di sintonia con le persone e coinvolgere le loro emozioni.

Saper catturare l'attenzione è uno dei segreti della vendita più vecchi del mondo. In molti conosceranno la formula AIDA:
- Attenzione (catturare l'attenzione del cliente)
- Interesse (suscitarne l'interesse)
- Desiderio (creare desiderio verso il prodotto)
- Acquisto (portare all'acquisto)

Allo stesso modo, il tuo sito o il tuo blog devono innanzitutto catturare l'attenzione, suscitare interesse e creare desiderio. Solo così potrai realizzare una buona base per l'acquisto. Questa formula, secondo me, non è aggiornatissima, specie su internet, dove ho creato dei passi aggiuntivi come l'informare e il rassicurare. Però è un ottimo punto di partenza per progettare un sito web che possa crearti rendite di denaro costanti nel tempo.

Da cliente, infatti, potrei anche essere informatissimo rispetto a un prodotto, ma se non sono motivato, non lo acquisterò mai. Ricorda sempre il seguente fondamento della vendita, *le persone comprano con le emozioni*. Se una cosa a pelle mi piace, se la voglio e sento che è la cosa giusta per me, so che in qualche modo me la dovrò procurare.

SEGRETO n. 15: le persone comprano con le emozioni, quindi Motivare è il primo pilastro.

John La Valle, socio di Richard Bandler, fondatore della Programmazione Neuro-Linguistica, viene pagato, per un corso di formazione sulla vendita della durata di 3 giorni, decine di migliaia di dollari. Per tutto il tempo ripete una sola cosa, che è il **fattore K**, ovvero il fattore **cinestesico**, quello che comanda le nostre sensazioni, che è la cosa più importante da mettere in movimento in un cliente nel momento in cui si sta attuando una vendita. Se non vendi prima di tutto sensazioni, non vendi affatto. Le emozioni sono tutto, quindi dobbiamo vendere sensazioni.

Quando tenti di vendere una casa a una persona, cosa le stai vendendo? I mattoni? Le mura? No, le stai vendendo emozioni. Le vendi la sensazione di vedere già il barbecue che potrà organizzare in giardino, la facoltà di immaginare il suo bambino sistemato in una bella e spaziosa cameretta e se stesso sul divano a guardarsi una partita sulla sua bella tv al plasma a 50 pollici. Vendi sensazioni, non mura.

Bandler racconta, in Persuasion engineering, un testo sul potere della persuasione, di un agente immobiliare, che, assieme a una coppia di possibili acquirenti, stava per entrare in una casa in vendita. Lui girò la chiave nella toppa e spinse l'uscio in avanti ma…la porta scricchiolò rumorosamente. Il venditore restò di sasso pensando ormai compromessa la vendita e tentò di rassicurare i due sulla possibilità di riparare celermente l'inconveniente tentando disperatamente di giustificarsi. La signora replicò: "Ma cos'é questo scricchiolio?" e, per un paio di volte riaprì e richiuse la porta, dopo di che disse al marito: "Amore, non senti? È il medesimo scricchiolio di casa nostra. Non so te ma io sento che questa è un'occasione da cogliere, mi sento a casa!". Ebbene, grazie a quella sensazione del tutto soggettiva, l'agente immobiliare concluse la vendita con estrema semplicità.

Valuta la potenza delle emozioni, la signora non era ancora entrata in casa, è bastata la sensazione associata allo scricchiolio della porta per instillarle la voglia di comprare.

Secondo te i miei utenti cosa comprano? Un libro sulla Seduzione o la sensazione di sapersi rapportare meglio con gli altri? È ovvio, la sensazione di poter comunicare meglio, di sentirsi seduttivi, la spinta a buttarsi nelle relazioni con successo e così via. E se una volta apprezzato il primo prodotto ne acquistano un secondo, perché lo fanno? Per riuscire a rilassarsi, per capire meglio i propri cari, per andare più d'accordo con il proprio partner e così via. Vendiamo sensazioni, quindi se non le esponi in bella vista nel tuo blog, nel tuo minisito, nella tua pagina web, non vendi.

Il 90% dei siti e-commerce più famosi, sia in Italia che nel mondo, si atteggiano in modo esattamente opposto: forse non sono ancora arrivati a capire che un contenuto accattivante è ciò che attira il cliente. La *linguistica* è tutto in un sito web. Se già conosci la PNL, sai che la linguistica ne è una parte fondamentale. Una parola inserita nel giusto punto in una frase, ne può cambiare completamente il senso. Ad esempio, se dico: "Ti capisco, *però* non sono d'accordo con te", la particella avversativa "però" cancella tutto quanto è stato detto prima, si percepisce solo ciò che di negativo è detto dopo e si genera, in chi ascolta, una sensazione di fastidio.

Allo stesso modo, bisogna fare attenzione all'utilizzo del "**non**". Come forse saprai, sia linguisticamente che a livello di immagini mentali, il "non" non viene percepito da cervello, non c'è un'immagine di riferimento corrispondente al "non". Se ti dico: "Non pensare a un elefante rosso a pois bianchi", è normale che tu ci pensi, ti verrà immediatamente in mente l'immagine dell'elefante rosso, eppure io ti avevo chiesto di "non pensarci". Così un venditore che ti dice: "Non voglio che tu pensi che questa casa sia una truffa", anche se ti ha chiesto di fare esattamente il contrario, ti instilla l'idea che ti voglia rifilare una truffa. Pensa a quanto ci si può dare la zappa sui piedi con una comunicazione sbagliata.

Quindi ricorda che nella vendita la cosa più importante da fare consiste nell'illustrare i **benefici** del prodotto. In cosa consistono i benefici? In tutto ciò che nel tuo prodotto c'è di buono ed utile, ciò che funziona, che è in grado di fornire sensazioni positive al cliente. In Programmazione Neuro-Linguistica studiamo la situazione in questo modo, pensiamo che il cliente che è in procinto di acquistare un prodotto, perché ha una data necessità, si trovi in un stato definito **stato attuale** e che desideri arrivare allo **stato desiderato**, l'obiettivo che il cliente pensa di raggiungere grazie ai benefici offerti dal tuo prodotto.

Questa impostazione, in PNL, si usa nella definizione degli obiettivi; se dici: "La mia situazione attuale è di essere grasso e io non voglio esserlo più", l'idea che ti rimarrà in mente è di un te stesso grasso, quindi non è un obiettivo ben formulato. Continui a pensare a quelle due parole "essere grasso". Anche in questo caso, l'uso della particella avversativa "non" all'interno della frase, fa sì che continui a vederti in un certo modo, ovvero grasso e sfatto. Se dici che "non" vuoi essere grasso, ecco che ti immagini grasso, esattamente ciò che non vuoi.

Un obiettivo, al contrario, è un qualcosa che ti deve spingere verso una data direzione. Quindi, se questo è il tuo stato attuale, e tu "non" vuoi esser grasso, la domanda giusta da porti per formulare un buon obiettivo è la seguente: "Se non vuoi essere grasso, cosa vuoi essere?" tu replichi: "Voglio dimagrire, voglio arrivare a pesare 57 kg entro 6 mesi". Ecco, questo sì è un obiettivo ben formulato, hai una direzione e uno stato desiderato da raggiungere in un tempo ben definito. Lo stato attuale è l'essere grasso, lo stato desiderato è voler dimagrire entro un dato tempo. Devi avere due punti per disegnare una retta, è pura geometria. Se sei in un punto e sai di volerti muovere ma non sai in quale direzione, vivi una situazione di disorientamento; devi, invece, individuare un punto da raggiungere per focalizzarti su di esso. È come se fossi al porto con la tua barca e dicessi: "Parto", gli altri ti chiedessero "Per dove?", e tu replicassi, "Non so, mi basta non stare più al porto". No, vai in vacanza, quindi devi avere una rotta.

Analizzando il passaggio **stato attuale/stato desiderato** in relazione al mio target, mi chiedo cosa cerca una persona che arriva su brunoeditore.it. Sentirsi meglio, stare meglio, essere più sicura, comunicare meglio, trovare strategie per il lavoro, realizzarsi a livello personale e professionale. Probabilmente, nel momento in cui cerca un supporto di questo genere, non si sente troppo sicura, forse sta attraversando un momento difficile della sua vita o sta avendo problemi con il proprio partner e spera così di risolverli.

Una volta appurato quale sia il suo problema attuale e il suo obiettivo, la capacità di un buon venditore sta nel mostrare al cliente come il tuo prodotto sia in grado di portarlo dal suo stato attuale allo stato desiderato.

SEGRETO n. 16: mostra al cliente come i benefici del tuo prodotto siano in grado di portarlo dal suo stato attuale allo stato desiderato.

In particolare, i *benefici* sono il mezzo che gli permetterà di fare il percorso dallo stato attuale allo stato desiderato. In che modo un videocorso in dvd può farlo passare da uno stato di insicurezza a uno di sicurezza? Il cliente se ne infischia del discorsetto per cui vi sono tante strategie e tanti esercizi per arrivare a uno stato di autostima, perché, con questo, non ho parlato dei benefici che può ottenere. Se, invece, gli spiego che guardando il videocorso seduto comodamente sul divano di casa sua, senza muovere un passo o spendere una lira di viaggio, di trasferimento o di pernottamento, non si sentirà più triste o insicuro, non avrà più problemi al lavoro o con la fidanzata ed otterrà grandi risultati, sarò certamente più convincente. Oppure gli dico che con un altro videocorso riuscirà a comunicare attraverso un sito web in maniera facile e veloce, riuscirà a triplicare i suoi guadagni e molto altro. Considera sempre lo stato attuale e lo stato desiderato. Ciò che fa passare da uno stato all'altro sono i benefici, ovvero lo stato desiderato dal punto di vista dell'utente, della persona che ho di fronte e che è al di là di un computer.

Questi sono concetti banali, che trovi anche nei libri di vendita, eppure non li usa quasi nessuno. Nessuno ragiona in maniera orientata all'utente. E anche se questo è un concetto di cui si parla molto, nessuno ragiona **"user centered"**, ovvero centrato sull'utente. Sappi che anche chi è del mestiere e conosce perfettamente le strategie per ottimizzare un sito, potrebbe non metterle in pratica fino a che non si focalizza sul problema e si chiede se può fare qualcosa per migliorare ancora.

Ovviamente, quando nel sito indicherai i benefici del tuo prodotto, sii accorto nell'inserire solamente cose vere o comunque realizzabili. Nello sponsorizzare il corso di "Lettura veloce", io garantisco che, nell'arco di una giornata, ognuno dei miei allievi riuscirà a triplicare la sua velocità di lettura. Lo garantisco perché ho fatto già decine di corsi di questo tipo, centinaia di persone li hanno seguiti e tutte hanno ottenuto questo risultato. Perciò il beneficio, in questo caso, è triplicare la velocità di lettura di ognuno in una sola giornata. La verità è che tutti gli allievi di questo corso hanno ottenuto molto più che triplicare la propria velocità di lettura, infatti si può arrivare a decuplicarla, aumentarla di 10 volte. Ovviamente non posso promettere tanto, la gente non mi crederebbe e direbbe: "Sì…dieci volte. Triplicare ci sto, ma dieci volte è impossibile!". Quindi, se anche ritieni alcuni obiettivi realizzabili, a volte è meglio non scriverli, perché potresti non essere creduto. Meglio, anche in base al target o al tipo di prodotto, fare promesse motivanti e credibili.

Si può diventare milionario in tre anni? Assolutamente sì, se ti applichi e metti in pratica le giuste strategie. Se non lo fai, non lo diventerai, è ovvio. Nel corso di ricchezza, sono molto chiaro su questo. Se esci dall'aula e non fai nulla, non metti in pratica nulla continuando a fare quello che hai sempre fatto, non otterrai risultati, o, meglio, otterrai i soliti risultati. Se ti metti con impegno, in tre anni puoi fare molto più che un milione di euro. Dipende da quanto di te stesso intendi dedicare al progetto. Se segui un corso che ti promette guadagni 3 volte più alti attraverso il tuo sito web, ma poi resti inerte, non lo modifichi per migliorarlo, non fai nulla perché questo accada, allora sinceramente stai perdendo il tuo tempo ed è chiaro che non otterrai i risultati sperati.

C'è, in generale, in PNL come in qualsiasi tipo di formazione, una responsabilità condivisa. Io, da trainer, ti insegno la miglior tecnologia che esiste per il miglioramento personale e professionale, e, per essere sempre al passo con i tempi, mi aggiorno, leggo moltissimi libri e viaggio, dall'America, alla Francia, all'Inghilterra. Come vedi, faccio il massimo per essere sempre all'avanguardia e ti offro il metodo migliore, poi sta a te usarlo con la maggiore efficacia possibile. Il trainer, come l'allenatore di calcio, offre le migliori tecniche, motiva la squadra, fornisce loro strategie e tattiche, ma poi a segnare il goal è il giocatore. Ci vuole impegno, altrimenti non si ottengono risultati.

È assai importante, per indicare efficacemente i benefici del proprio prodotto, mettersi **dal punto di vista dell'utente**. Tempo fa mi ero iscritto a un corso di formazione e mi sono chiesto: "Cosa spero di ottenere seguendo questo corso?", penna alla mano, ho scritto tutti gli obiettivi che speravo di realizzare. Poi mi sono detto: "Perché non farlo anche per i miei corsi?". Ho eliminato le vecchie descrizioni dei miei videocorsi e mi sono chiesto cosa avrei desiderato ottenere, da utente, da ognuno dei miei corsi. Mi sono concentrato e, per ogni corso, ho scritto almeno dieci benefici. Dopodiché li ho confrontati con quanto c'era precedentemente scritto nella scheda del prodotto, alcuni benefici erano già presenti, altri no e li ho aggiunti. È stato sufficiente considerarli per una sola volta dalla parte dell'utente piuttosto che da quella del venditore per capire quanto fosse importante sottolinearli.

Se hai aperto un blog e intendi scrivere una recensione su un prodotto, questo procedimento è ancora più facile. Infatti non hai bisogno di metterti nei panni del cliente, perché *tu sei davvero il cliente*. Sei il primo ad aver comprato questo o quel prodotto, questa guida o quel videocorso, quindi sai perfettamente cosa cercavi, cosa ti aspettavi, cosa hai trovato, cosa non hai trovato, quanto sei soddisfatto. A questo punto, scrivere una recensione seria e onesta è davvero facile, e saprai esattamente come destare l'attenzione dei tuoi utenti.

SEGRETO n. 17: un blog di recensioni è molto efficace perché tu sei il primo ad aver provato quel prodotto e conosci il punto di vista del cliente.

Infatti, applicando la strategia dello stato attuale/desiderato, sai quale può essere un titolo giusto per attirare l'attenzione. Potresti, ad esempio, intitolare la tua recensione così:

"Scopri come guadagnare online in 7 giorni"

"Finalmente mi sono liberato del mio capo"

"Mentre scrivo qui, ho già guadagnato altri 100 euro"

E così via. Sei tu il primo a sapere cosa il tuo potenziale utente sta cercando, quindi sai benissimo come esporgli i benefici che tu stesso hai cercato nel prodotto. Parla con il cuore e vedrai che centinaia di persone cliccheranno sui tuoi link e ordineranno il prodotto recensito. Dalle nostre statistiche sugli affiliati, la conversione di vendita sui click provenienti da **recensioni** è notevolmente più alta di quella dei click provenienti da banner o annunci pubblicitari. In media è del 400% più alta! Questo significa, per te, guadagnare parecchio denaro in commissioni.

Altra cosa da sottolineare per quanto riguarda il passaggio dallo stato attuale allo stato desiderato, riguarda lo studio che la PNL ha fatto delle cosiddette **leve motivazionali**, ovvero del modo in cui ogni persona si motiva per passare da uno stato all'altro. Queste vengono definite **"metaprogrammi"**, ed operano inconsciamente in ognuno di noi. Uno dei metaprogrammi cardine e più conosciuto nella vendita è il **"verso / via da"**. Significa chiedersi se il cliente è più orientato a raggiungere (*verso*) un obiettivo o ad allontanarsi da (*via da*) qualcosa che non gli piace.

Il metaprogramma "via da", porta a scappare dallo stato attuale per raggiungere lo stato desiderato. Le persone in cui opera questo tipo di leva motivazionale, si motivano maggiormente con una frase come: "Vieni a fare il corso sul controllo del peso e non sarai più grasso!". Il metaprogramma "verso", prevede, invece, un maggiore orientamento all'obiettivo, per questo tipo di clienti sarà più adatta una frase così strutturata: "Vicni a fare il corso sul controllo del peso, così finalmente sarai magro e avrai il controllo totale del tuo peso". Quindi, in sintesi, ci sono persone che si motivano con un metaprogramma "via da", quindi con una frase come "Vieni e non sarai più grasso", e persone che si motivano con un metaprogramma "verso", quindi con un altro tipo di frase, "Vieni e sarai magro, avrai il controllo totale del tuo peso".

Questi meccanismi lavorano inconsciamente dentro di noi, per cui ci saranno persone che naturalmente si motiveranno più "via da" e persone che, con altrettanta naturalezza, si motiveranno più "verso". In determinati contesti questo orientamento può cambiare, quindi non voglio generalizzare, però sappi che, rivolgendoti a una platea di potenziali clienti, devi cercare di cogliere entrambe i tipi di sensibilità, soprattutto quando utilizzi un mezzo come internet con il quale puoi assicurarti un pubblico vastissimo. Certo, sarebbe assai più semplice rivolgerti a un solo utente e, tramite alcune domande, comprendere se sia un tipo più "verso" o più "via da". Questo potrebbe dirti: "Faccio un corso di autostima perché non voglio più sentirmi timido", oppure "Faccio un corso di autostima perché voglio finalmente sentirmi sicuro di me". Sono due atteggiamenti mentali differenti e, con la tua comunicazione su internet, devi cercare di interessare tutti e due.

SEGRETO n. 18: la motivazione dei clienti a comprare un prodotto è data da meccanismi psicologici detti "leve motivazionali", come il 'verso' e il 'via da'.

Il metaprogramma "verso/via da" va memorizzato perché è uno dei più importanti che ci sia nella Programmazione Neuro-Linguistica. Rifletti su te stesso, perché hai acquistato questa guida? Per imparare le strategie di web marketing, per comunicare meglio su internet o perché ti sei stufato di perdere vendite o di guadagnare poco? Ogni persona che ha acquistato la guida avrà avuto diverse motivazioni. I tuoi utenti come la penseranno? Che tipi saranno? Non lo sai, ma devi coinvolgerli tutti, motivarli tutti. Per questo motivo, quando nella descrizione del tuo prodotto indicherai i benefici, scrivi sia quelli con connotazione via dallo stato attuale, *via da*, che quelli con connotazione verso lo stato desiderato, *verso*. Perciò imposta i titoli del tuo blog o del tuo minisito inserendo entrambe le leve motivazionali:

"Stufo di guadagnare poco? Scopri la guida per triplicare le tue rendite"
"Stanco di dipendere dal tuo capo? Scopri il libro che ti aiuta a liberartene"

In tutte le cose c'è un "via da" ed un "verso", dalla più semplice e banale, alla più complicata, da quella con target ludico a quella con target professionale. Una mia allieva vende su internet corsi di grafologia, come può motivare i suoi clienti? Ad esempio, dicendo: "Segui un corso di grafologia per non farti più prendere in giro dagli altri" oppure "per imparare a conoscere bene le persone". Rivolgendosi a una persona che vuole affascinare qualcuno, potrebbe dire: "Segui un corso di grafologia per imparare a sedurre meglio", infatti, in un corso di seduzione, ti insegneranno che studiare grafologia e sapersela cavare con questo argomento, crea molto rapport con la persona che ti interessa. O, ancora: "Mostrami il tuo modo di scrivere e ti dirò tutto del tuo carattere". Infine, potrà rivolgersi ad altri professionisti dicendo: "Attraverso una consulenza, vi offrirò elementi essenziali per i vostri studi, le vostre terapie, le vostre indagini", oppure: "Attraverso la mia consulenza grafologica riuscirete a cogliere con facilità il profilo psicologico di ogni criminale". E così via, tanti titoli per tante persone soggettivamente diverse.

Tutto può essere colto da punti di vista diversi, dove sono ora e dove voglio andare. Immagina di dirigere una gara di tiro alla fune, qualcuno tira da una parte e qualcuno dall'altra, ognuno ha una sua direzione, nella comunicazione quotidiana e, a maggior ragione, su internet. Se devi parlare in pubblico, sai di avere un vasto numero di persone di fronte a te, certamente una percentuale di esse sarà "via da" ed un'altra percentuale sarà "verso", con la tua oratoria sai di dover cogliere tutti e due i tipi. Il target è estremamente disomogeneo, quindi è necessario che la tua comunicazione sia molto varia, è importante.

Io ho strutturato brunoeditore.it come un insieme di minisiti. Come avrai visto, sono le medesime strategie che ti sto spiegando, e uso spesso titoli coinvolgenti e motivanti per vari tipi di persone con leve motivazionali differenti.

I minisiti americani più famosi ed efficaci, sono costruiti nello stesso modo. Titoli forti, accattivanti.

Come ti dicevo, si tratta di creare un'unica pagina, con tutte le dritte possibili sul tuo prodotto e… Funziona! Non sai a quante newsletter mi sono iscritto, quanti prodotti ho comprato pubblicizzati in una sola pagina.

Uno slogan di apertura accattivante, è qualcosa che mancava anche nel mio sito sino a un paio di anni fa. Aprivo con una frase di questo genere: "Videocorso di autostima", seguito da una foto ed una breve descrizione. Oggi mi chiedo come ho potuto vendere qualche prodotto! Evidentemente le persone che hanno comprato, erano realmente interessate e motivate ed hanno deciso di acquistare senza bisogno di ulteriore aiuto, quindi non grazie alle mie strategie di allora, ma *nonostante* queste. Probabilmente le persone sono abituate a comprare così, perché il 99% dei siti non utilizza le tecniche di comunicazione efficace di cui ti ho parlato. Io posso solo testimoniare che, da quando le utilizzo, ho moltiplicato per dieci le vendite, quindi si possono veramente ottenere ottimi risultati.

Nell'ottimizzare il tuo sito web, concentrati soprattutto sui contenuti, perché una pagina con dei buoni contenuti, motivante, si sponsorizza da sola, al di là della pubblicità che puoi acquistare su Google Adwords o su altri programmi di pubblicità online.

Ecco perché il blog funziona molto bene: è puro contenuto e, in genere, non ha finalità commerciali. Quindi, anche se ti limiti a creare un blog di recensioni, ci sarà comunque qualcuno interessato al tuo lavoro, a quello che hai da dire e ai prodotti che hai recensito. Il blog genera un passaparola naturale e spontaneo che non ha paragoni rispetto ad alcun sito internet. Ecco perché ti consiglio di iniziare con un blog, non solo perché è facile, veloce e gratuito da creare, ma soprattutto perché è facile da gestire e da aggiornare e ti permette di crearti una base di utenti che ti seguirà qualsiasi cosa scriverai.

Come ti ho già detto, il blog si presta poi molto bene ad essere indicizzato sui motori di ricerca. Dunque, se vuoi cercare di pubblicizzarti sfruttando i risultati gratuiti dei vari portali, puoi farlo, ti procuri testi su come ottimizzare il tuo sito e cerchi di arrivare in buone posizioni. Per iniziare, può essere anche molto semplice ed efficace comprare pubblicità su Google Adwords, così da renderti subito conto se il sito funziona. In questo modo puoi testare la pagina molto meglio, perché sei tu a scegliere il target e la parola chiave più adatta da acquistare.

Ad esempio, ti affili e vendi il videocorso di PNL, che fai quindi? Acquisti la parola PNL e ti rendi conto di quanti utenti che arrivano a te cliccando su Google, acquistano poi il video. La pagina non ti rende abbastanza rispetto all'investimento che hai fatto? Prova a modificarla in qualcosa, cambia i titoli, i benefici principali, le informazioni. Il segreto è testare, testare e testare, prova fino a che le cose non funzionano bene, è la prima cosa da fare. La PNL dice: "Se qualcosa non funziona, prova qualcos'altro", se poi la tua attività si trasforma in un bel business o il tuo blog genera passaparola, allora potresti arrivare ai primi posti anche fra i risultati gratuiti dei motori di ricerca.

Creando vari minisiti, uno per ciascun prodotto, o scrivendo diverse recensioni su un blog, puoi attirare maggiore clientela, coinvolgendo l'interesse di un più ampio target di persone. Io sono passato dal produrre materiale sulla PNL a tutte le applicazioni possibili della PNL: dallo studio della comunicazione e dell'autostima a corsi di tipo finanziario o di trading online. La diversificazione dei tuoi prodotti, ti consente di aumentare moltissimo il numero dei tuoi clienti perché aumenta il tuo bacino di utenza. Ti permette di coinvolgere anche quei tipi di persone che, fino a ieri, non erano interessate al tuo prodotto. Magari qualcuno che si interessa al web marketing ed ha già acquistato il relativo corso, può decidere di acquistarne un altro di comunicazione o di persuasione.

Certo, se hai un unico prodotto da offrire, ciò che puoi fare è un attento studio dei benefici che vai ad indicare nella presentazione e, tramite quelli, allargare il target di utenti cui ti rivolgi. In ogni caso ricorda, l'unica vera strada è testare, provare. In PNL si raccomanda di provare sempre le strategie in prima persona per rendersi conto dei risultati reali che si possono ottenere. Non appena finito di leggere la guida, quando ti applicherai all'ottimizzazione del tuo sito, dovrai creare una pagina tanto piena di benefici e talmente motivante *che tu stesso compreresti*.

Vedrai che i clienti aumenteranno. Se su 10.000 persone che ogni settimana visitano il tuo sito hai solo 100 acquirenti, vuol dire che ne stai perdendo 9.900 potenziali, non è vero? Se ottimizzi la pagina, cambiandone alcuni particolari con una strategia mirata ed orientata all'utente, certo le tue entrate aumenteranno in maniera esponenziale.

L'importante è non fare il classico errore che si fa nel marketing in generale, sia web che non web: abbassare il prezzo per tentare di vendere una maggiore quantità di prodotto. Certo, potrebbe funzionare in quanto attireresti un target più ampio, ma svaluteresti il tuo prodotto, non ne comunicheresti il giusto valore. Se per me un videocorso vale 99 euro, lo vendo a 99 euro, certo non ne abbasso il prezzo per venderne di più, al contrario, cerco di comunicarne il valore al cliente, proprio elencando i molteplici benefici che esso può offrire.

Durante l'ultimo corso "PNL Coach", parlando delle tariffe ho affermato: "Non fate mai coaching o consulenze gratis. Non perché non si debbano aiutare gli altri, non è certo una questione di etica o di valori, solo che il gratis non funziona. Se offri una consulenza gratis, il beneficiario non ti ascolterà. Se il medico prescrive gratuitamente una dieta a una persona, questa non la seguirà". Io ho un'amica che va dal dietologo sborsando 300 euro a seduta: "Perché così" dice lei "avendo speso un mare di soldi so che seguirò davvero la dieta". All'inizio di un'attività è più che giusto che chi entra sul mercato voglia tener bassi i prezzi per provare a conquistare un po' di clienti, ma dopo un po' bisogna aver cura di alzarli. Ricorda questa regola d'oro, il prezzo, man mano che si va avanti, si deve alzare e non abbassare. Se abbassi il prezzo per ottenere più clienti, non torna più l'equazione di cui ti ho parlato all'inizio del corso. Per comunicare il valore del tuo prodotto, devi mostrarne i benefici, motivando il cliente. Nelle occasioni in cui ero veramente motivato da un prodotto o in cui ne avevo sentito parlare molto bene su un blog, non ho mai rinunciato a un acquisto per via del prezzo.

Per preparare al meglio e rendere più approfondito il mio corso sulla Borsa, ho deciso di acquistare, alcuni mesi prima di tenerlo, una serie di testi specializzati, con il risultato che ho speso più di mille euro in cambio di pochi libri. Queste pubblicazioni costano moltissimo in quanto destinate a un target alto: chi gioca in Borsa, normalmente, non ha in tasca solo 20 euro! Inoltre, se sono strategie che funzionano davvero, valgono molto più degli 80 o più euro spesi per l'acquisto. Quindi, effettivamente, se il valore del libro ti viene comunicato efficacemente, lo compri quale che sia il prezzo.

Il testo di Jakob Nielsen sull'e-commerce, che non trovi in nessuna libreria online ma solo sul sito dell'autore, costa qualcosa come 150 dollari. Apparentemente è un libro come altri, solo che è talmente ricco di informazioni preziosissime che se fosse costato 1.000 euro, lo avrei acquistato ugualmente, perché a me ha fatto guadagnare molto di più. I libri di Richard Bandler, fondatore della PNL, per me hanno un valore infinito perché hanno davvero cambiato la mia vita personale e professionale. Spesso il prezzo di un dato prodotto è molto più basso del suo valore, quindi i margini per alzarlo ci sono tutti e, a mio avviso, sono doverosi.

Quindi il prezzo non è una cosa su cui lavorare verso il basso, ma verso l'alto. Quando aumenti il prezzo del tuo prodotto, aumenti la qualità dei tuoi clienti, alzi il livello del tuo target. Se aumenti il prezzo, anche a parità di clienti, guadagni di più. In realtà i clienti aumentano, ce ne saranno altri, ce ne saranno di diversi che vedranno qualità maggiore nel tuo prodotto. Questi clienti che, quindi, hanno più soldi, potrebbero comprare tutti i prodotti o tornare a comprare. Pertanto, se elevi il prezzo del tuo prodotto, elevi anche il target della tua clientela ed otterrai un maggior ritorno economico. Il segreto consiste nel motivare efficacemente i tuoi utenti, e ci puoi riuscire se segui le strategie qui presenti e i modelli linguistici utili per rievocare sensazioni.

Ho un collega che tiene corsi a carattere finanziario e se li fa pagare tantissimo, anche se fino a pochi anni fa non costavano niente. Ora si rivolge a un target più alto e, rispetto a prima, ha molti più clienti, che pensano: "Un corso di due giorni che costa 2.000 euro deve essere veramente buono!". Se costasse solo 200 euro, al contrario, potrebbero pensare: "Mah, sarà una stupidaggine, chissà chi lo fa...", e, invece, *il prezzo è simbolo e sinonimo di valore*.

SEGRETO n. 19: se motivi bene le persone, più aumenti il prezzo e più aumenta il valore percepito del tuo prodotto.

Quindi, se un prodotto ha un prezzo alto, automaticamente, nella mente inconscia delle persone, vale molto. Quando mia zia mi dice che durante i saldi ha visto degli stivali stupendi e li ha comprati perché costavano solo 300 euro, io rispondo: "Ah sì? Solo?", lei mi risponde: "Sai, costavano 600, sono in saldo al

50% quindi è un affare". Detta così è già diverso, no? Costavano 600, valgono 600, li ha pagati 300, quindi è un affare.

Aumenta il valore, comunica meglio il valore dei tuoi prodotti, è chiaro? Questo è molto importante. Ci puoi riuscire facilmente con un minisito dedicato in tutta la sua prima parte ad esporre i benefici del prodotto che vendi o con una bella recensione all'interno del tuo blog.

Cos'altro può far aumentare il valore dei tuoi prodotti? Il fatto di essere **unici**. Perché, parliamoci chiaro, su internet c'è una concorrenza infinita, milioni di siti. Già nel commercio ordinario la concorrenza è spietata, però non tutti si possono permettere di aprire un negozio, non tutti possono creare un'attività solida spendendo centinaia di migliaia di euro. Al contrario su internet è molto facile, c'è anche il ragazzino di 18 anni che fa una montagna di soldi. Come ci si distingue dalla concorrenza? Una cosa è vendere un videocorso che è destinato a un'utenza di nicchia, se decidi di vendere servizi telefonici, settore nel quale incontri una concorrenza spietata, che cosa puoi fare per emergere? Devi trovare qualcosa di unico.

A questo proposito, ti consiglio un autore, Seth Godin, che ha scritto dei piccoli manuali. Uno di questi si intitola "La mucca viola". La mucca viola è il fondamento, il pilastro del marketing moderno. Si tratta della famosa quinta "P" del marketing, un concetto nuovo, una metafora utilizzata per indicare la creazione di qualcosa che, per definizione, si distingue rispetto alla massa, che risalta fra tutte le altre cose, che fa passaparola da sola, uno dei pilastri del marketing sia online che offline. Visualizza mentalmente l'immagine di un gruppo di mucche del solito colore, bianco o pezzato, e poi tra loro…una mucca viola. Spicca su tutte e tu corri a raccontarlo agli altri, parli in giro di quel qualcosa che la differenzia a tal punto da renderla inconfondibile.

Io ho e continuo a mantenere attivo l'Adsl di Telecom, che costa più di tutte le altre connessioni pur essendo un servizio non tra i migliori. Tiscali vende lo stesso servizio a 15 euro al mese. Secondo te per quale motivo non cambio? Semplice, per inerzia, perché non ho tempo di pensarci, non ho voglia di cambiare operatore, perché se cambio operatore, tra che mi staccano il collegamento con il vecchio e mi collegano con il nuovo, chissà quanti mesi passano. Ci sono molte cose che hanno un valore, come il tempo, la tranquillità, la voglia di fare le cose, per cui alla fine lasci perdere, paghi di più per un servizio che in realtà è un disservizio e ti va bene così.

Ti sei mai chiesto se fosse il caso di cambiare benzinaio per trovarne uno meno caro? Quanti vanno dal benzinaio sotto casa solo per praticità, abitudine o amicizia? Io sono fra questi. È il boom del caro-benzina e forse varrebbe la pena guardare il prezzo perché c'è spesso diversità tra benzinai. Io non ci guardo mai. Ma non è una questione di avere o non avere soldi, è questione di comodità, confort. L'importante diventa avere il benzinaio amico che ti sorride, ti dice buongiorno, ti lava il vetro e ti circonda di tante piccole attenzioni che, ai tuoi occhi, elevano il valore del suo prodotto. Magari pratica prezzi più alti di un altro distributore un chilometro più avanti, ma sembriamo non farci caso. Il valore percepito conta più del prezzo.

Come ricordavo all'inizio, Jakob Nielsen dice: "Internet è una guerra, il sito tuo concorrente è a un clic di distanza", a ciò la PNL risponde dicendo che, sì, questo è vero, però è anche vero che le persone sono "comode", quindi una volta che hanno trovato un sito che va loro a genio, a meno che non sia totalmente deludente, non si muovono più, non ne cercano altri. Ci si resta per pigrizia, perché non abbiamo voglia di iniziare nuove ricerche. Quindi occorre trovare qualcosa che catturi il cliente nel momento in cui arriva sul nostro sito, che siano le motivazioni, i benefici, le tecniche ipnotiche, la rievocazione o l'uso del tu.

Un altro testo particolarmente interessante di Seth Godin si intitola "Contiene una fantastica sorpresa". Quante volte da piccolo hai comprato le merendine del Mulino Bianco perché sapevi di trovare un regalino nel pacchetto? Anch'io le compravo spesso per lo stesso motivo. Cosa si può fare oggi per creare un effetto simile? Come utilizzare delle idee già esistenti e specializzarle per renderle particolari? Nel libro di Godin puoi trovare moltissimi spunti per specializzare prodotti che già esistono, rendendoli nuovi e straordinari. Il suo consiglio è il seguente: "Esplorate i limiti, portate all'eccesso le cose. Diventate il più basso o il più alto, quello che dà più qualità alle cose". Cito un esempio fra i moltissimi che offre: "Esiste in Giappone un negozio di barbiere che si chiama 'Il barbiere in 15 minuti', nel quale hai la garanzia di essere fuori con i capelli tagliati accuratamente entro 15 minuti esatti dall'entrata. A questo scopo hanno fatto in modo che si riesca a sedersi non appena si arriva ed hanno creato un sistema elettronico grazie al quale i capelli vanno via da soli con una serie di aspirazioni. Hanno fatto in modo di essere i numeri uno. Che cosa hanno fatto in concreto? In fondo niente di nuovo, è un semplice barbiere. E poi, se ci pensi bene, in fondo, che fretta c'è? Se dal barbiere ci stai mezz'ora o un quarto d'ora non cambia molto, eppure ha un successo estremo nonostante il prezzo molto elevato, perché? Probabilmente piacciono le cose che funzionano, vai lì e in 15 minuti sei fuori. Poi esci e ne parli agli altri: "Sai, hanno creato un barbiere dove in 15 minuti ti tagliano i capelli, vai a provarlo!".

Queste sono le cose che generano il passaparola. Su internet è fondamentale, mandi una email agli amici e consigli un sito. O scrivi una recensione sul tuo blog. Io molte volte ho consigliato siti, anche durante i miei corsi. Ad esempio ho indicato Internet Book Shop o Il Giardino dei Libri per acquistare libri, infatti io stesso li uso e ne sono soddisfatto, quindi ne parlo bene.

SEGRETO n. 20: crea un prodotto o servizio così motivante da generare passaparola automatico.

Un altro esempio di servizio di per sé normale ma specializzato, viene dagli Usa. Vi sono pizzerie che consegnano la pizza con garanzia che arrivi entro 30 minuti, se si sfora anche di un secondo sull'orario di consegna, la persona non paga la pizza. Viene ricordato anche nel film Spiderman, dove il protagonista deve consegnare una pizza entro trenta minuti ed è costretto a fare tutte le vie del centro che, essendo super trafficate, lo fanno ritardare e per questo viene licenziato dal lavoro e succede un vero caos. Sul motivo per cui questa garanzia abbia avuto tanto successo sono stati svolti degli studi facendo compilare dei questionari a chi abitualmente acquista pizza ordinandola telefonicamente. Si è scoperto che la cosa a cui principalmente il cliente tiene, non è tanto il prezzo, quanto il tempo: si vuole avere a tutti i costi la garanzia che la pizza venga consegnata entro e non oltre un certo orario.

È vero, pensaci, pagare due pizze 9 o 10 euro non ti cambia nulla, mentre ti cambia moltissimo se volevi la pizza per le 20 e ti arriva alle 21 mentre sei lì affamato con gli amici. Allora che fai? Chiami: "Ma dov'é il ragazzo?", risposta: "Mah, dovrebbe essere uscito già da qualche minuto...", replica: "Ah, sì? Ma quando prevede che arrivi?", controreplica: "Boh". A una simile risposta ti assale lo sconforto; pensa invece ad avere una bella garanzia di consegna, il fattorino arriva tardi? Non paghi. Anche la Fedex, corriere espresso americano, fa la stessa cosa, se i suoi addetti non consegnano entro il giorno seguente la richiesta, non paghi la spedizione. Credo dia la stessa garanzia anche SDA o Poste Italiane con il servizio di posta celere, se non consegnano entro il giorno dopo, puoi chiedere il rimborso. A me è capitato di trovarmi nella situazione di poterlo chiedere, tuttavia non l'ho mai fatto perché non me la sono sentita di invischiarmi nelle pastoie della procedura. Tra l'altro, non oso immaginare le perdite di tempo prima di riavere i dieci euro di spedizione.

Quindi, come ti ripeto, il prezzo non è determinante, anzi, ti consiglio di aumentarlo dove potrai, dipende dal tipo di prodotto. Aumentare il prezzo, cambia la percezione che il cliente ha nei confronti del tuo prodotto, inoltre il target dei tuoi acquirenti si innalzerà. Io, ad esempio, per tecnica di mercato, difficilmente faccio sconti sui prezzi dei corsi in aula, eventualmente creo pacchetti di più di un prodotto che vendo a prezzi molto vantaggiosi in alcuni momenti dell'anno. Non abbassare mai il prezzo perché cade la percezione del valore.

Pensa al tunisino che in spiaggia ti vende una borsa di Vuitton fasulla, ti chiede 200 euro all'inizio, poi, alla fine, te la lascia a 10, perché? Perché, probabilmente, il vero valore sarà 5, quindi a 10 te la può anche lasciare. Se ti presti a trattare e negoziare, abbassando di molto il prezzo, non fai una buona impressione, tanto meno su internet.

Ad esempio, nelle prime settimane di uscita di un nuovo prodotto, io lo vendo a un prezzo molto scontato. L'offerta dura poco, normalmente quattro settimane. Metto il prezzo scontato bene in evidenza nella pagina del prodotto, poniamo 79 euro, e il prezzo reale al quale sarà venduto a partire dalla quarta settimana, 99 euro, fino ad arrivare a 190 per i prodotti di fascia alta.

Chi visita il sito, si rende conto del valore reale del prodotto, che ammonta a 190 euro, quindi lo percepisce nettamente e, pensando che può averlo per 79 euro, si affretta ad acquistarlo. All'inizio potrebbe anche pensare che si tratti di un'offerta di marketing, però si accorge facilmente che non lo è perché, dopo poche settimane, trova il prezzo realmente cambiato. A quel punto sa che alla prossima occasione gli converrà non lasciarsi scappare il prodotto.

Qui di seguito, ti riporto alcuni dei minisiti realizzati per i miei prodotti, giusto per chiarirti meglio cosa intendo quando ti consiglio di "motivare" le persone con benefici forti e rievocativi. Guarda attentamente i titoli principali e dimmi se non sono accattivanti.

"Vuoi sentirti più sicuro di te?" e chi non lo vorrebbe! "Scopri come migliorare la tua comunicazione, motivazione, autostima con le strategie di Programmazione Neuro-Linguistica". "Trucchi e segreti della Programmazione Neuro-Linguistica". "In diretta dai corsi di PNL, impara come entrare in sintonia istantanea con chiunque, come motivare te stesso e come aumentare la tua autostima". Che ne pensi?

E ora guarda questo altro esempio per l'ebook "Fare Soldi Online in 7 giorni". "Sei stanco del tuo lavoro? Vuoi guadagnare soldi anche quando dormi? Scopri la guida passo passo per guadagnare soldi online in 7 giorni e creare rendite con internet!". "Guadagnare denaro su internet e creare rendite online". "Impara come guadagnare su internet, come risparmiare denaro, migliorare la qualità della tua vita e avere più tempo libero a disposizione. Non hai bisogno di un tuo sito né di un tuo prodotto". Che te ne pare?

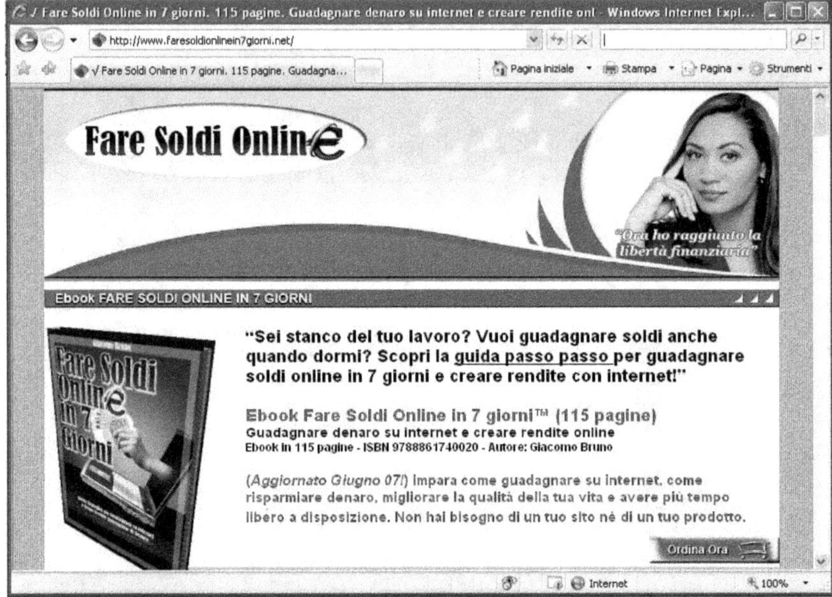

A seguire, invece, è il blog che ho creato su Blogger e che ho utilizzato per il prelancio di questa stessa guida. Mentre era ancora in lavorazione, aveva raggiunto gli oltre 100 visitatori al giorno, solo grazie a semplici articoli di aggiornamento.

Risultato: prima ancora di venderla, avevo già ricevuto decine di prenotazioni per un valore di migliaia di euro!

Come vedi, anche graficamente non vi è alcuna differenza rispetto ai minisiti su brunoeditore.it, a dimostrazione che i blog possono essere utilizzati anche come normalissimi minisiti, con il vantaggio di non avere costi e non aver bisogno di competenze tecniche di programmazione web.

Quest'ultimo è un altro blog nel quale ho affrontato alcune tematiche legate al mondo del posizionamento sui motori di ricerca. Vi inserisco qualche articolo nuovo ogni volta che ho degli spunti e delle idee in testa e qualche pubblicità del mio videocorso di <u>web marketing</u>.

In fondo, chi è interessato a strategie e trucchi sul search engine marketing, sicuramente lo sarà anche di web marketing.

Qualsiasi blog tu deciderai di realizzare, otterrai ottimi risultati se impari a creare *titoli efficaci* che attirino l'attenzione. Ti consiglio i testi di Seth Godin anche perché ti possono offrire molti spunti su come ottimizzare il tuo sito e rendere unica la tua idea e, in generale, la tua proposta. Cerca ciò che è unico nel tuo prodotto, nella pubblicità, nelle brochure, nell'home page, e, quando l'avrai individuato, comunicalo, trasmettilo, che sia all'interno dei benefici, dello slogan o del titolo va comunque bene. Qualcosa di unico nel tuo prodotto deve esserci assolutamente, altrimenti ti conviene rinunciare e cambiarlo. È una cosa che deve essere sempre chiara e trasmessa alle persone, sia nel momento in cui le motivi, sia nelle fasi successive.

Questa unicità nel marketing si chiama USP "Unique Selling Proposition", ovvero il tuo punto di forza che rende unico te e il prodotto che vendi. Trovalo e scrivilo in ogni parte del sito: deve essere chiaro a te e ai tuoi utenti, insieme ai benefici. Nello scrivere devi raggiungere un importante obiettivo, **rievocare sensazioni** nelle persone.

In questo la PNL ci dà una grandissima mano, ci spiega come, nel linguaggio, utilizzare una parola piuttosto che un'altra fa la differenza. Esistono strumenti, derivati dall'ipnosi, che servono per rievocare sensazioni e funzionano a meraviglia.

Io, per farlo, utilizzo il **metodo B.R.U.N.O.**, di mia invenzione e a cui ho dato il mio nome. In realtà si tratta di un acronimo nel quale ogni lettera corrisponde a un principio di efficacia comunicativa. Per strutturarlo ho preso in considerazione tutto ciò che sapevo di ipnosi, comunicazione ipnotica e persuasione trasponendolo in fasi con le quali si accompagna l'utente dalla rievocazione di sensazioni fino alla vendita.

BUONUMORE (si usa nel Motivare)

RIEVOCAZIONE (si usa nel Motivare)

UNIVERSALITA' (si usa nell'Informare)

NARRATIVA (si usa nell'Informare)

OPPORTUNITA' (si usa nell'Informare)

SEGRETO n. 21: per aumentare la motivazione e rievocare sensazioni positive verso il tuo prodotto, usa il metodo B.R.U.N.O.

BUONUMORE - La prima fase, che è identificata dalla lettera **B** e non contiene modelli linguistici, è quella definita del **buonumore**. Per buonumore intendo la gestione dello stato d'animo, perché quando comunichi, non basta usare la giusta tecnica, il modello linguistico più confacente, piuttosto bisogna crederci, devi essere realmente interessato, meglio ancora curioso e creare sintonia con l'interlocutore. Il blog è uno dei massimi strumenti per creare sintonia online, perché è strutturato proprio per permettere un continuo scambio tra te e gli utenti.

Buonumore sta per essere in uno stato di relazione con la persona con cui stai comunicando. Quindi, per un soddisfacente utilizzo degli strumenti linguistici, è fondamentale entrare in uno stato di sintonia con l'altra persona. Questa è la fase in cui occorre definire i benefici e i relativi stati d'animo:

Scrivi le caratteristiche del prodotto che vendi:

____

____

____

Scrivi i benefici che queste caratteristiche possono portare ai tuoi clienti:

____

____

____

____

Scrivi i benefici che cercheresti in un prodotto simile se fossi tu a dover comprare:

____

____

____

Scrivi lo stato attuale dei tuoi clienti, cioè il problema da cui si vogliono allontanare:

____

____

____

Scrivi lo stato desiderato dei tuoi clienti, cioè l'obiettivo che possono raggiungere con il prodotto che vendi:

____

____

____

Lo so che si va sempre di fretta nella lettura, però ti consiglio di fare davvero questi esercizi perché ti chiariscono molto le idee. In questo modo, entri nei panni dei tuoi utenti e questo non può che mettere sia te che loro in uno stato di totale sintonia e buonumore.

RIEVOCAZIONE - Poi abbiamo la **R** come **rievocazione** che è la fase propriamente linguistica. Viene usata interamente nel passaggio del Motivare, in quanto utilizza i modelli linguistici per rievocare emozioni e uno stato d'animo positivo. Puoi e vuoi rievocare sensazioni, stati d'animo ed emozioni nell'altra persona utilizzando il linguaggio.

Il dr. Milton Erickson, maggior medico ipnotista del '900, utilizzava queste strategie, poi scoperte e modellate dalla PNL, per guarire i suoi pazienti, senza esserne del tutto cosciente. Non utilizzava l'ipnosi diretta, non li addormentava; bensì l'ipnosi indiretta, quindi una sorta di "trance ipnotica" basata sul semplice dialogo e sul racconto di storie e metafore. Il bello è che la persona usciva dalla seduta sentendo di non avere più il problema, o vedendolo come un qualcosa di minimo, tale da non destare preoccupazione.

Bandler e Grinder, i due fondatori della PNL, corsero ad osservare Erickson e studiarono a fondo le strategie che tanto inconsapevolmente quanto efficacemente, usava. Egli era unicamente in grado di spiegare le metodologie dell'ipnosi classica, e i suoi alunni non ottenevano esattamente i suoi risultati perché non spiegava ciò che faceva, ma ciò che credeva di fare. Bandler e Grinder, studiosi e modellatori, percepirono la verità e lo ricalcarono, ovvero lo modellarono sia nell'atteggiamento mentale che nella fase linguistica ed estrassero una serie di modelli linguistici molto efficaci studiati in base al funzionamento del cervello.

Come spiego nel mio libro "Seduzione", se vuoi far innamorare di te una persona, i modelli linguistici certo non bastano, non c'è la formula magica per sedurre, servono però a preparare il cammino. Immagina di arare il terreno in modo che poi, quando metterai i semi, cresceranno bene. Devi fare in modo che la persona che ti interessa, che sia un paziente, un possibile partner o un cliente, associ a te stati d'animo positivi: al fatto di essersi affidata alle tue cure, uscita assieme a te o concluso con te un contratto avendo acquistato un buon prodotto.

Vi sono vari strumenti linguistici adatti a rievocare stati d'animo, uno di questi è rappresentato dalle cosiddette **domande rievocative**. Se ti chiedo: "Ti è mai capitato di seguire un corso di formazione ed essere realmente soddisfatto del trainer?", se ti avessi di fronte, intuirei la risposta semplicemente dall'espressione del tuo viso. Non c'è bisogno che tu mi risponda con un sì o un no, perché la risposta è già qui, il cervello risponde istantaneamente. A me basta vedere il movimento degli occhi che accede a delle esperienze, un'espressione del viso per capire che il cervello sta già processando un certo tipo di informazione.

Perché mi interessa fare una domanda del genere? Per rievocare uno stato d'animo che il cliente potrà poi associare a me o ai miei prodotti. Domande evocative quindi, forme linguistiche usate abitualmente da chi sa comunicare bene per far immedesimare meglio in una data situazione.

Se esamini le brochure pubblicitarie di aziende come MSC o Costa Crociere, troverai queste forme linguistiche: "Ti è mai capitato di realizzare un sogno? Sei mai stato in un luogo straordinario?". Frasi come queste, già da subito, ti fanno sognare un viaggio fantastico. Ancora, pensa alle applicazioni nella seduzione. Se ti chiedo: "Come ti senti quando sei innamorato? Ti è mai capitato il colpo di fulmine? Sai, quando ti innamori di una persona, la guardi negli occhi e ti senti trasportato in un altro mondo?". Pertanto le domande rievocative vanno impostate con frasi simili alle seguenti: "Ti è mai capitato di...?" oppure "Sai quando...?" o, ancora "Hai presente quando...?".

Fanno parte della rievocazione, anche le **domande di approfondimento**. Anche questo strumento aiuta a rievocare stati d'animo e va utilizzato nel momento in cui c'è già stata una risposta positiva a una domanda rievocativa, per approfondire ulteriormente, con frasi di questo tipo: "E come ti senti quando sei soddisfatto?", oppure "Che sensazioni hai quando sei soddisfatto?". Vai ad approfondire questa sensazione piacevole e con più insistenza lo farai, più alla persona rimarrà impressa in modo profondo.

Ancora, della rievocazione fanno parte le cosiddette **domande nascoste**, sono sempre domande evocative, ma mascherate all'interno di una frase, per apparire il meno invasive possibile.

Una frase come: "Ti è mai capitato di esserti innamorato?", potrebbe certo apparire troppo aggressiva, facendo scappare la persona che ti interessa. Totalmente diverso è se chiedi: *"Non so se* ti sia mai capitato di innamorarti" o, ancora *"Mi chiedevo se* ti sia mai capitato di sentirti completamente soddisfatto di un corso. Perché quando si è realmente soddisfatti, penso tu sappia cosa voglio dire, lo si avverte.

Pensa a quanta soddisfazione potrebbe darti imparare a comunicare con una persona in modo davvero efficace e far sì che questa ti ascolti in maniera davvero molto attenta, "...ti sarà capitato di incontrare qualcuno che ti affascina perché ti ascolta attentamente...". Tramite questi interrogativi nascosti dietro al "mi chiedevo se" o al "non so se", puoi rievocare sensazioni nelle persone e in generale nei tuoi utenti online.

Ci sono alcuni siti web che utilizzano questi strumenti, probabilmente senza sapere che sono stati teorizzati e che quindi hanno un nome preciso. Aiutandoti con queste strategie potresti inventare uno slogan efficace per il tuo sito e dire: "Come ti sentiresti se avessi totalmente e completamente fiducia in te stesso?", è certo assai meglio che aprire con una frase tipo: "Videocorso di autostima in due dvd" o no? C'è differenza, con un attacco accattivante prendi il cliente. Ricorda che, come ti dicevo, le persone decidono di comprare con le emozioni e soprattutto, come dice Jakob Nielsen: "Le persone hanno fretta, su internet vanno di fretta, scorrono velocemente il sito e non lo leggono tutto parola per parola". Non hanno il tempo di leggere perché c'è talmente tanta informazione che saltano da un sito all'altro, vanno per tentativi, non hanno il tempo di leggere tutto, quindi o li colpisci subito o li hai persi.

Crea una bella frase rievocativa, una domanda ad effetto di questo tipo: "Come ti sentiresti se, proprio in questo momento, stessi facendo una crociera Costa e fossi lì nella piscina a sguazzare al caldo sotto il sole?". È una domanda rievocativa e funziona assai meglio di una frase come: "Crociera Costa, partenza 8 maggio da Civitavecchia". I dettagli dopo, prima devi motivare il cliente. Questo è fondamentale, prima motivi e poi informi. Prima motivazione, benefici e rievocazione e poi i dettagli.

Ancora, nella rievocazione sono compresi i cosiddetti **comandi nascosti**, ovvero suggestioni nascoste che consistono nel ripetere più volte un dato già acquisito. Con il comando nascosto, continuo a ripetere più e più volte un dato positivo, ad esempio "sei soddisfatto del trainer che ha tenuto il corso", magari anche indicandomi con il gesto delle mani, tanto che diventa quasi un imperativo, anche se indiretto. Imposti la domanda in via indiretta: "Hai presente quando *ti senti veramente sicuro di te stesso? Ora*, puoi renderti conto che i nostri videocorsi sono fatti apposta per te".

Vi sono vari tipi di comandi nascosti, Bandler ne usa uno in particolare, la particella temporale **ora**, che pone all'interno di ogni sua frase: "non so se vi è mai capitato di essere *soddisfatti, ora*, quello che è importante in un corso di formazione è che...". Lui ripete costantemente la parola **now**, "ora" in inglese, lo fa perché tu la possa associare a un qualcosa di positivo. Nella prima parte della frase, ad esempio, si parla di soddisfazione e tramite la particella "ora", Bandler la lega alla seconda parte, quindi portandoti ad associare "ora", al concetto di soddisfazione. La particella "ora", posizionata accanto alla frase: "i nostri videocorsi sono fatti apposta per te", diventa, nel cervello della persona, una frase sola "i nostri videocorsi sono per te, ora".

Ancora puoi proporre al tuo interlocutore una frase suggestiva inserendovi il suo **nome**, ad esempio: "La gente, *Francesca, è molto interessata* a questo tipo di corsi". Cosa le rimarrà in mente? Il suo nome associato all'interesse per il corso, ovviamente. In fondo non si tratta che di un semplice intercalare nel quale inserisci il nome della persona, però lo metti all'interno di una frase che poi diventa unica nella mente, quindi, attraverso il suo nome, riesci ad attirare la sua attenzione.

Sarai in grado di usare questo tipo di suggestione su internet dal momento in cui avrai avuto un primo ordine da un tuo cliente e potrai sfruttarne il nome per inviargli qualche comando nascosto, qualche suggestione post-ipnotica sul fatto che il prodotto gli piacerà e lo renderà soddisfatto. Ovviamente, deve trattarsi di una suggestione che sai corrispondere a verità, perché conosci i tuoi prodotti e sai che soddisfano pienamente i clienti. Se il tuo prodotto non è buono, non è di qualità, puoi fare quante promesse di benefici vuoi, ma è quasi certo che te lo renderanno. In più, per regola classica di vendita, chi non è soddisfatto non ti consiglierà ad altri, e parlerà male di te a chiunque incontra. Se una persona è soddisfatta, parlerà bene di te a 3 persone, in media, se una persona non è soddisfatta, parlerà male di te ad almeno 7 persone; sembra ingiusto ma non lo è, se vendi un prodotto pessimo facendolo passare per ottimo, è giusto che ne consegua un passaparola negativo.

Altro strumento linguistico rievocativo sono le **citazioni**. Come dice Bandler: "Guarda di fronte a te, vedrai la persona che ti cambierà la vita", tu, in questo momento, è come se avessi davanti me, e quindi ho messo in bocca a qualcun altro una suggestione che ti voglio dare. Anche su internet può funzionare, potresti citare una delle testimonianze presenti nel tuo sito: "E come dice Mario Rossi, questo prodotto è quanto di più interessante possa esserci al mondo. Bisogna comprarlo subito, perché ogni giorno che passa senza agire, si perdono soldi". Cosa sono le testimonianze se non questo? Citazioni del pensiero di qualcun altro. Nel nostro caso sono tutte vere, perché ci sono tante persone soddisfatte che ci scrivono, ci ringraziano e si complimentano con noi. Persone che poi comprano altri video e, magari, vengono ai corsi in aula, perché se una persona è soddisfatta vuole comprare ancora.

Questi sono strumenti che usiamo abitualmente nel nostro linguaggio, solo che non ne siamo consapevoli. Ad esempio quando qualcuno mi descrive un proprio malessere spiegandone i sintomi fin nel dettaglio, sta usando domande rievocative: "sai quando hai un terribile mal di testa?…Uno di quelli che partono dalla nuca e poi si diffondono…". Pare esattamente di provarlo nel momento in cui me lo descrive. Vi sono moltissime suggestioni involontarie che ci colpiscono ogni giorno, la cosa che mi interessa è che tu le sappia riconoscere, le sappia usare nel linguaggio scritto e te ne sappia difendere.

Ecco perché in PNL, quando si formulano degli obiettivi, si consiglia di esprimerli in positivo, cioè dire: "voglio essere questo", e non: "non voglio essere quest'altro", perché il "non" ti porta a concentrarti su quello che **non vuoi essere** invece che su quello che **vorresti essere**.

Al tempo stesso, puoi usare anche il "non" per dare comandi nascosti. Quindi puoi dire a una persona: "non c'è bisogno che compri adesso il biglietto per il corso", sembra una negazione, in realtà, a livello di immagini mentali, gli hai messo in testa l'idea che dovrebbe comprarlo adesso. Puoi dare dei comandi dicendo il contrario, poiché quello che viene percepito è comunque l'idea di "fare" e non di "non fare" qualcosa. Per un certo periodo, sono girati su internet una serie di banner pubblicitari che dicevano "non cliccare qui". Avevano delle percentuali di clic altissime, a

dimostrazione del fatto che il "non" ha poco valore e che, anzi, gli esseri umani sono portati a fare proprio quello che gli viene negato. Come da bambini…

Questo utilizzo del "non" viene anche definito come **comando negativo** e si realizza, dunque, inserendo in una frase il "non". Se ti dico: "Ho molte copie di ciascun videocorso, **non** è necessario che lo compri subito, qualcuna probabilmente avanzerà". Cosa ti resta in mente? La necessità di acquistare prima possibile una copia del videocorso, perché, altrimenti, potrebbero terminare!

Quindi, tutti questi strumenti presi in prestito dall'ipnosi, appartengono alla fase R (rievocazione) del metodo B.R.U.N.O., che si concentra sulla linguistica. Grazie ad essi puoi strutturare, su internet, una pagina elegante ed efficace. Si tratta di strategie che insegno nel corso di persuasione, se vorrai approfondirle, non dovrai far altro che acquistare il videocorso o il biglietto per partecipare al corso sulla persuasione. Ma *non* comprarli ora!

SEGRETO n. 22: per la rievocazione di sensazioni puoi usare tecniche linguistiche come domande rievocative, nascoste e di approfondimento, comandi nascosti e negativi, citazioni.

È molto più semplice attuarle nel web marketing che non nella vita di tutti i giorni. Ai miei allievi, infatti, spiego che il modo più semplice ed efficace per farli divenire naturali nella propria linguistica, è scrivere le espressioni chiave molte e molte volte. All'inizio certo non sarà facile, poi diverrà sempre più spontaneo utilizzarle, sino a che sarà del tutto naturale.

Scriverle è molto più facile rispetto a farle proprie nel linguaggio parlato, ecco perché su internet sono più efficaci: puoi studiarle a tavolino con tutta calma. Inizia subito a mettere nero su bianco una decina di frasi che contengano le suggestioni di cui ti ho parlato. Ad esempio, un paio di domande rievocative, una domanda nascosta, una citazione, un comando negativo. Usa queste tecniche nel modo che ti ho detto e scrivi qualche esempio, qualcosa che potresti usare proprio nel tuo sito web, in base al prodotto che vendi o pensi di vendere.

Questo esercizio è molto importante perché, come ti dicevo, per imparare bene la parte relativa alla rievocazione, devi scrivere moltissime volte le frasi tipo, fino a che non ti verranno spontanee anche nel parlare. Potrai utilizzare queste tecniche per la tua comunicazione, per la tua persuasione, per la vendita tramite internet o altro, è davvero importante.

Aggiungo che, in generale, utilizzando queste tecniche, è importante **usare il "tu"**, dai del tu al tuo utente, al tuo cliente. Su internet lo puoi fare senza problemi, è abituale rapportarsi in maniera informale. Quindi dì: "Hai presente quando ti capita questo, questo e quest'altro?", fai emergere le emozioni dell'utente e poi offrigli una soluzione con il tuo prodotto. Puoi utilizzare le strategie del metodo B.R.U.N.O. per un sito web, per una brochure, o, più in generale, per una qualsiasi forma di pubblicità, anche per gli annunci di Google Adwords o Yahoo Search Marketing.

Molto usato nella persuasione è il **"vuoi"**, piuttosto che "ti piacerebbe" o "vorresti"; dì: "Vuoi sentirti bene?", piuttosto che "Ti piacerebbe sentirti bene?". Utilizzando il "vuoi", imposti una frase che è una sorta di presa di posizione, come fosse una suggestione. Ho poi notato che c'è chi usa, al posto del "vuoi", "ho bisogno". La verità è che non funziona bene come il vuoi. Noi cerchiamo cose che desideriamo veramente. Ti ho spiegato che le persone comprano con il cuore, se sono motivate, con l'emozione; la ragione e i dettagli tecnici servono solo in seconda battuta. Perciò dire che: "Sì, ho bisogno di perdere peso", ma in realtà "voglio mangiare e anche bene", crea uno scontro tra l'aver bisogno e il volere, tra "ho bisogno" e "vuoi", e, invariabilmente vince il vuoi, in questo caso a danno della salute.

Quindi, ricorda, usa il vuoi che non sbagli. Meglio dire "vuoi fare questo" piuttosto che "hai bisogno di fare questo". Anzi, ti dirò di più, a me darebbe anche fastidio se qualcuno mi dicesse: "Hai bisogno di sentirti sicuro?", sembra che ti stia dicendo che hai un problema; dire: "Vuoi sentirti più sicuro?", è molto meglio.

Il discorso di queste parole, che si chiamano "**operatori modali**", in linguistica, è stato molto approfondito da John La Valle e Richard Bandler nel libro "Persuasion engineering", ingegneria della persuasione. In questo testo, i due sottolineano quanto sia importante ascoltare il cliente e percepire attentamente il differente uso che esso fa dei tre operatori modali "voglio", "ho bisogno" e "mi piacerebbe", altrimenti si rischia di perdere parte delle informazioni.

Devi essere specifico, infatti in PNL si parla di **precisione linguistica**. Sono piccole cose ma sono proprio quelle che fanno la differenza tra una vendita di successo ed una fallimentare. Nel fare web marketing, ricordati che le persone comprano con il cuore, con la motivazione, con il "k".

Tutto quello che abbiamo visto vale anche per newsletter, email marketing e direct marketing. Il motivo è ovvio, se tu mandi ai tuoi iscritti alla newsletter una mail con su scritto come titolo solamente "Newsletter numero 15", loro la elimineranno subito senza neanche leggerla. Non motiva in nessun modo una newsletter con un titolo simile, invece scrivi qualcosa di coinvolgente e interessante.

Ultimamente il portale Libero scrive come attacco della newsletter solamente un titolo, spesso clamoroso, riportando eventi di cronaca nera. All'interno trovi un link con il medesimo titolo. Certo, se hai cliccato sul titolo sei interessato all'argomento e vuoi saperne di più, solo che una volta dentro la mail sei costretto a cliccare di nuovo sul link e arrivare sul sito. In ogni caso funziona, sono rimasto colpito dal modo in cui mi ha portato a cliccare subito e più volte. Funziona. Quindi il titolo deve motivarti a leggere, solo dopo leggi. Ricorda: prima motivazione e poi informazione.

RIEPILOGO DEL GIORNO 3:

- SEGRETO n. 14: un blog di successo deve creare un rapporto di sintonia con le persone e coinvolgere le loro emozioni.
- SEGRETO n. 15: le persone comprano con le emozioni, quindi Motivare è il primo pilastro.
- SEGRETO n. 16: mostra al cliente come i benefici del tuo prodotto siano in grado di portarlo dal suo stato attuale allo stato desiderato.
- SEGRETO n. 17: un blog di recensioni è molto efficace perché tu sei il primo ad aver provato quel prodotto e conosci il punto di vista del cliente.
- SEGRETO n. 18: la motivazione dei clienti a comprare un prodotto è data da meccanismi psicologici detti "leve motivazionali", come il 'verso' e il 'via da'.
- SEGRETO n. 19: se motivi bene le persone, più aumenti il prezzo e più aumenta il valore percepito del tuo prodotto.
- SEGRETO n. 20: crea un prodotto o servizio così motivante da generare passaparola automatico.
- SEGRETO n. 21: per aumentare la motivazione e rievocare sensazioni positive verso il tuo prodotto, usa il metodo B.R.U.N.O..

- SEGRETO n. 22: per la rievocazione di sensazioni puoi usare tecniche linguistiche come domande rievocative, nascoste e di approfondimento, comandi nascosti e negativi, citazioni.

GIORNO 4: INFORMARE

Il secondo pilastro consiste nell'informare. Come ti dicevo, le persone comprano con le emozioni, con il k, con le sensazioni, ma poi devono giustificare razionalmente la loro decisione, quindi vanno informate. La seconda cosa da fare è, quindi, offrire loro informazioni tali da giustificare la loro scelta in maniera razionale.

SEGRETO n. 23: le persone comprano con l'emozione, ma devono giustificare razionalmente la loro decisione, quindi tu devi informarli di ogni aspetto.

Tornando all'esempio di prima, se mia zia compra in saldo un paio di stivali molto belli ma rimasti comunque molto costosi, perché lo fa? Perché le piacevano o per il prezzo in saldo? Certo, il saldo è la giustificazione razionale, ma l'acquisto è stato motivato dall'emozione scatenata a pelle dallo stivale. Magari l'ha provato, se lo è visto addosso, si è vista bella ed ha deciso. Poi la giustificazione razionale, il dettaglio tecnico, le servirà per motivare a se stessa e agli altri, in questo caso a me, la validità di un acquisto comunque costoso. Il prezzo era in saldo, scontato al 50%, quindi era un affare, era impossibile non comprarlo…

Ogni volta che fai un acquisto, magari particolarmente dispendioso, ti resta sempre la paura di non essere stato consigliato bene, di esser stato imbrogliato. Tanto più questo accade quando si acquista via internet, pure se si è spesso tutelati dal diritto di recesso. Ti viene da pensare: "Vorrei comprare questo prodotto, ma sarà valido? Questo videocorso di autostima riuscirà a cambiarmi la vita? Mi offrirà risultati reali?" Hai bisogno di informazioni, devi sapere esattamente di cosa parla, quale sia il programma che segue, quanto dura, cosa potrà in concreto darti, se qualcun altro l'abbia già provato e abbia ottenuto risultati. Vuoi risultati provati, tangibili, concreti. Ti interessa conoscerne il prezzo, se realmente corrisponda al valore, se ci sia uno sconto o se faccia parte di un'offerta.

Il buon venditore, offrirà tutti i dettagli tecnici richiesti dal cliente solamente in seconda battuta, dopo aver catturato la sua attenzione con i benefici promessi. Dare informazioni in prima battuta, come fanno la maggior parte dei siti e-commerce, è rischioso perché il cliente può non essere ancora del tutto interessato al prodotto.

Prima è necessario catturare la sua attenzione con l'emozione, far battere il suo cuore, stuzzicare la sua curiosità, e solo in un momento successivo procedere a **informarlo** perché possa giustificare razionalmente la sua decisione. Ricorda sempre, memorizza questa frase: "le persone comprano con le emozioni e giustificano i propri acquisti con la ragione".

Questo accade sempre anche nelle vendite fisiche, quando c'è un faccia a faccia tra venditore e compratore. Pensaci, quando qualcuno compra una macchina come la Ferrari perché lo fa? Perché è affidabile? Chi compra una Ferrari pensa all'affidabilità? Chi la compra lo fa perché è l'auto migliore del mondo e vuole esibirsi mentre la guida, perché è alla moda e poi ama correre in città o sull'autostrada. È chiaro. La compra perché gli piace guidare, lo stuzzica l'idea di fare un figurone con gli amici, l'idea che una macchina del genere possa attribuirgli chissà quale identità.

Perché una donna acquista un vestito di Valentino? Perché la convince la buona qualità del tessuto o perché, indossandolo, si sente una dea? Certo, la riposta giusta è assolutamente la seconda. Gli acquisti si fanno con il cuore, solo poi si motivano con la ragione. Quindi prima motivare e poi informare.

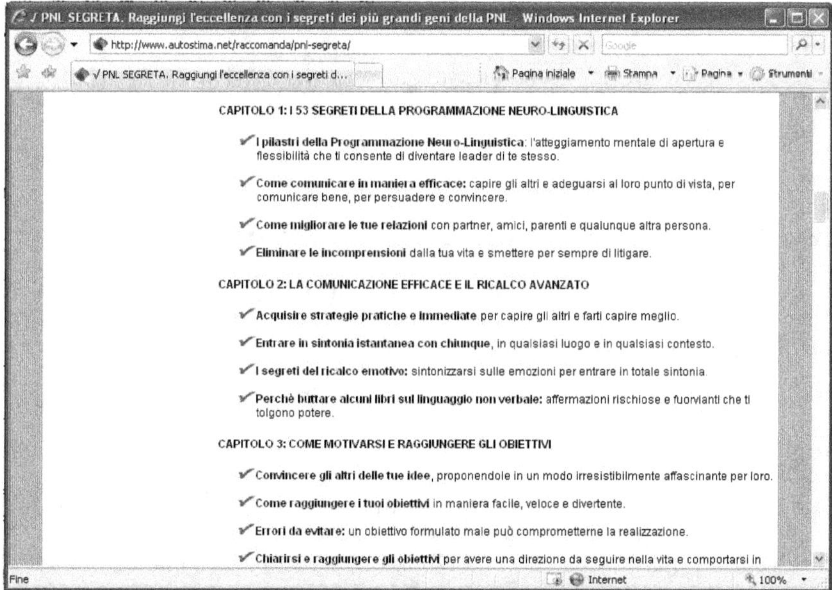

A questo punto, devi offrire tutte le informazioni possibili riguardo alle prestazioni tecniche del tuo prodotto, quanto dura, come è suddiviso, che prestazioni ha, quanto costa, insomma tutto quanto puoi dire. Se, ad esempio, compri una tv, ti informano sul numero dei pollici, sul tempo di contrasto, sulla luminosità, i colori, l'alimentazione, il consumo e così via, la classica scheda tecnica che trovi in tutti i siti di e-commerce in Italia e nel mondo. Se compri un libro vorrai conoscerne la trama, il sommario, chi sia l'autore e molto altro. Certo, è ovvio, le informazioni servono. Potresti anche essere supermotivato ma è difficile che tu acquisti un prodotto completamente alla cieca, non è così? È importante che ci sia equilibrio fra motivazioni e informazioni.

SEGRETO n. 24: se il cliente non è motivato non compra; se il cliente non è informato non compra; è necessario un equilibrio tra motivazione e informazione.

Se possiedi tutte le informazioni che possono servirti ma non sei sufficientemente motivato, non compri, se sei molto motivato ma non hai le necessarie informazioni, probabilmente non compri ugualmente, o, se lo fai, sai di rischiare molto, quindi comprerà un cliente su 100 piuttosto che 10 su 100.

Se, navigando su internet, trovi un sito fatto anche benissimo, fornito di tutti i benefici che possono motivarti ad acquistare il prodotto sia "verso" che "via da", ti fermi e leggi. Trovi la promessa di diventare ricco, di fare moltissimi soldi, basta un minuto al giorno, niente vendita, niente spam, sembra un sogno. Poi ti sposti nell'area informazioni e… non trovi nulla. Perché? Perché, magari, il metodo consiste nel costruire un sito identico a quello dell'autore che non riesce a fornirti ulteriori informazioni senza svelarti i suoi segreti. Che succede? Che, pur motivato, pur non costando troppo il prodotto, decidi di non comprare per sfiducia, perché hai la sensazione che si tratti di un imbroglio.

Anche le informazioni sono essenziali per spingere un cliente a comprare. Se stai comprando un videocorso sull'autostima, devi sapere di quanti dvd è composto e quanto dura ognuno; anche perché, a fronte di un prezzo di 99 euro, vuoi una durata adeguata. Hai necessità di garanzie. Su audio e video e sui servizi non c'è diritto di recesso perché l'uso è immediato e una volta aperto o scaricato il prodotto, non lo puoi più dare indietro, quindi il cliente ha diritto a maggiori rassicurazioni. Mentre dai informazioni, è importante non smettere di coinvolgere anche l'emozione del tuo utente. Come? Utilizzando altre strutture linguistiche del metodo B.R.U.N.O., di cui ti mostro le fasi successive.

UNIVERSALITA' - La fase **U**, come **universalità**, ha come idea quella di utilizzare un linguaggio vago ed universale, come è definito in ipnosi, per offrire informazioni. Ad esempio, se tu dici che il programma del corso di autostima prevede lo studio della comunicazione, della motivazione e della PNL, non hai fatto capire molto al tuo cliente, sei stato estremamente vago. Cosa si intende per "comunicazione"? E per "motivazione"? Sono termini troppo poco concreti.

In PNL, definizioni molto astratte vengono dette *nominalizzazioni*. Io ho un'idea di cosa sia l'autostima, tu ne avrai un'altra, un'altra persona potrebbe averne una ancora diversa. Nello stesso modo, parlando di amore, se tu sei vago, ognuno si sentirà compreso, perché accederà alle proprie esperienze senza che tu lo conosca nel dettaglio. Con un linguaggio vago e universale, il tuo **blog** o il tuo sito si adatteranno a tutti, indipendentemente da quali e quanti utenti avrai di fronte.

Hai presente gli oroscopi? Non sbagliano quasi mai, perché? Perché restano nel vago, così anche i maghi o i cartomanti. Io sono abbonato a *Oroscopo free*, la newsletter che ogni giorno invia l'oroscopo e, strano a dirsi, indovina sempre. Come fa? Gli autori restano molto sul vago, io che conosco la struttura del linguaggio posso valutarlo, e proprio per questo catturano la mia attenzione. Io vado in uno stato ipnotico di trance mentre leggo l'oroscopo, me lo immagino, lo adatto alla mia situazione, sono in una fase di processo interiore, di ascolto della narrazione.

Ad esempio, se il classico cartomante mi dice: "tu hai subìto una perdita", oltre ad essere una nominalizzazione, un termine astratto, è anche una frase che può voler dire tutto e niente. Una perdita di che cosa? Di un libro, di un cellulare? Di una persona o un fidanzato? Chi di noi non ha subìto una perdita di qualsiasi genere? Se tu usi un linguaggio universale e vago, ciò che dici è *universalmente* vero.

Milton Erickson usava una struttura linguistica denominata *truismo*, dal termine "true" che in inglese vuol dire "vero". I truismi sono frasi che contengono elementi sempre e comunque veri, costruite tramite la struttura "mentre...e...e...", ad esempio: "**mentre** stai leggendo la guida **e** intanto studi come fare soldi online, pensi alle mie parole **e,** nel frattempo, ti stai rendendo conto di quanto tutto questo possa essere utile".

Nella struttura del truismo, inserisco elementi indiscutibilmente veri, ad esempio "stai leggendo la guida" poi: "stai studiando come fare soldi online", due elementi veri che portano l'inconscio a dire: "è vero, è così". A questo punto, aggiungo una suggestione "ti stai rendendo conto di quanto tutto questo possa essere utile", e il cervello, abituato a dire di sì, riterrà vera anche la suggestione. Il fatto che la suggestione sia preceduta da frasi indiscutibilmente vere, rende vera anche la frase contenente la suggestione.

Ancora, per fare un altro esempio: "Mentre sei lì al computer e studi questa guida, ti dico che questo corso è particolarmente bello, straordinario e tramite lo studio dei principi che insegno, acquisterai motivazione e imparerai a vendere molto più efficacemente".

Offro informazioni al cliente, inserite, però, all'interno di una struttura ipnotica che coinvolge ancora di più e continua ad alimentare l'attenzione del cliente catturata in prima battuta con i benefici. Nella prima fase motivo, ottengo l'attenzione del cliente. Nella seconda fase, mentre informo, devo essere bravo a tenermi stretta questa attenzione. Le informazioni spesso possono risultare noiose, io devo far sì che questo non avvenga. Devo studiare bene il fatto che il mio linguaggio, volutamente vago, offra degli appigli a chi lo ascolta per renderlo concreto a se stesso.

Quindi potresti implementare la fase dell'Universalità per informare gli utenti in modo utile ed efficace. Se hai un sito o un blog potresti scrivere "… e mentre sei al computer (sicuramente vero) e scorri questa pagina (sicuramente vero), ti stai rendendo conto (suggestione) di quanto questo prodotto faccia al caso tuo (suggestione molto vaga. In che modo fa al caso suo?) per migliorare la tua autostima (termine vago, nominalizzazione) e le tue relazioni (termine vaghissimo. Quali relazioni esattamente?)". E così via potresti inserire tutti i dettagli tecnici che vuoi, senza per questo apparire mai noioso come tanti siti e-commerce.

SEGRETO n. 25: la fase di Universalità consiste nell'utilizzare frasi vaghe e universalmente vere per dare informazioni tenendo alta l'attenzione del cliente.

NARRAZIONE - Arriviamo ora alla fase **N**, come **narrazione**, che si basa sul fatto che informare narrando una storia è molto più coinvolgente per il tuo cliente, e in questo modo lo aiuti ad apprendere senza disperdere l'interesse.

Certo, molto dipende anche dal prodotto, se parli di una tv non ti è facile imbastire un racconto, però puoi sempre offrire il prodotto in maniera evocativa e dire: "Immagina di essere seduto comodamente sul tuo divano a guardare la tua bella tv nuova. Hai una definizione del colore e una luminosità di 800 candele per metro, il che significa che vedrai un'immagine molto nitida, infatti questo modello ha un tempo di risposta pari a 8 microsecondi...".

In genere, di fronte a dati tanto tecnici il cliente si chiede: "Che vuol dire? È buono o no? Chi me lo dice? Non ho parametri per dirlo, non ne so nulla". Tu, invece, con il tuo racconto, legherai i dettagli tecnici a un significato ben chiaro: gli spiegherai che, ad esempio, un tempo di risposta pari a 8 microsecondi è quanto di meglio possa trovare sul mercato perché l'apparecchio reagisce subito e non crea l'effetto scia, quindi avrà immagini molto nitide. Devi tradurre anche le caratteristiche più tecniche in qualcosa di tangibile e concreto. A ben vedere, all'utente cosa importa che abbia 800 candele per metro (caratteristica)? Però gli interessa moltissimo che la Tv si veda bene (beneficio). Ricorda, devi ragionare sempre orientato all'utente, distinguendo le caratteristiche dai benefici.

È importante che sia il venditore a offrire le caratteristiche tecniche come un qualcosa di accattivante e desiderabile dal cliente, non si deve attendere che sia lui a scoprirle e motivarsi da solo, potrebbe stancarsi ben prima. Se offri servizi di telefonia, ad esempio, non dire semplicemente: "Adsl a 20 mega per 39 euro", piuttosto dì: "Ti offriamo la possibilità di passare dai 2 Mbit che hai attualmente a 20 Mbit, così potrai scaricarti dieci volte più velocemente tutti i file che desideri, video, musica e software!", una frase del genere è certamente più coinvolgente.

In ogni mia pagina di prodotto voglio fornire più informazioni possibile, tuttavia cerco sempre di farlo in maniera tale da scatenare l'interesse del mio lettore. In particolare nella pagina relativa al corso di ricchezza, invece di dire: "Il corso in dvd ti insegna come diventare ricco costruendo e poi ampliando un'attività in tre anni", parole troppo tecniche e strettamente informative, racconto una storia.

È l'aneddoto di John e Richard, due abitanti di un paesino della California molto arido. A un certo punto la situazione precipita e la carenza d'acqua inizia a raggiungere livelli di guardia. Il sindaco decide di proporre un concorso per trovare persone che se ne occupino. I due partecipano e vincono a pari merito. Il sindaco spera che tra i due si inneschi una sana concorrenza che porti ad offrire il miglior servizio possibile. John comincia subito a lavorare duramente, da mattina alla sera. Va verso il fiume con i secchi, li riempie, li porta in città a piedi, li svuota in un pozzo e comincia a vendere l'acqua a un euro a secchio. Si fa pagare e comincia a guadagnare un po' di soldini per il suo lavoro, giustamente. Richard scompare per un periodo. Nel frattempo John continua a lavorare. Va al fiume per portare l'acqua nel paesino e certo è stanco perché lo fa dalla mattina alla sera, tutti i giorni.

Ma dopo sei mesi Richard torna, e con lui una squadra di ingegneri ed una serie di operai. Costruisce un acquedotto che dal fiume porta direttamente l'acqua nel paesino. Vende quest'acqua a 25 centesimi, al litro. Ovviamente tutti iniziano a rifornirsi là dove l'acqua costa molto meno e Richard senza aver fatto alcuna fatica, grazie alla sua idea dell'acquedotto, vede affluire i soldi in quantità. Dopo un anno aveva fatto veramente una barca di soldi. John cosa fa? Abbassa il prezzo della sua acqua, lo mette 0,20 così da poter fare concorrenza a Richard. Però ovviamente deve continuare a lavorare, assume anche i figli, perché deve lavorare 7 giorni su 7, 24 su 24, deve coprire anche i turni di notte, perché Richard comunque offre l'acqua anche di notte e anche di domenica. E allora ecco che tutta la famiglia inizia a fare avanti e indietro tutto il giorno, stancandosi a tal punto che non ne possono più. Richard, al contrario, ormai si è ripagato l'investimento e può permettersi di abbassare ancora il prezzo, lo porta a 0,10. John non ce la fa, non si ripaga neanche i costi della vita, né lo stipendio dei figli e rinuncia. Richard, invece, pensa a nuovi investimenti da fare e decide di portare l'acquedotto in tutti i paesini della California diventando multimiliardario.

Ho riportato questa storia anche nella pagina di vendita del videocorso, perché per me ha un impatto e una forza espressiva fortissimi, anche se narra un evento concreto e ben dettagliato. Sul sito aggiungo: "Quello che ti chiedo è se tu stai veramente costruendo il tuo acquedotto o stai portando i secchi. C'è una bella differenza. Se già intuisci la scelta giusta per te, sappi che in questo corso ti spiego dettagliatamente come fare a raggiungere il tuo obiettivo". Lo compreresti? Assolutamente sì, e infatti <u>Ricchezza</u> è uno dei corsi più venduti e il più costoso. Non è mai in offerta, così come altri prodotti sulla crescita finanziaria, che considero tra i migliori. Hanno un target molto elevato, spiegando, rivelo segreti che ho imparato negli Stati Uniti dai più grandi milionari americani e, sinceramente, non ho alcuna intenzione di svenderli. Il fatto che non ci siano offerte su questi prodotti, secondo te, inibisce chi acquista? No, perché, evidentemente, riesco a comunicare il valore del prodotto. In fondo, nell'informarti, ti ho rivelato la mia strategia, crearsi un metaforico acquedotto, cioè, concretamente, crearsi rendite alternative al lavoro per non dovervi dipendere.

Ora sta a te, anche attraverso le strategie che ti spiego nel corso, realizzare questo obiettivo. Che il lavoro sia una scelta, non un dovere imprescindibile perché ti corre il mutuo. Altrimenti, come dice Robert Kiyosaki nel libro "Padre ricco, padre povero", restiamo incastrati per tutta la vita, legati ai nostri debiti. Egli dice che: "…siamo dei topi che corrono, corrono tutta la vita per pagare i propri debiti". Non vogliamo questo, vogliamo creare rendite alternative e internet è un ottimo mezzo. Il web marketing diventa qualcosa di fondamentale, fa la differenza tra un sito che funziona ed uno che non funziona.

Magari hai un'idea ottima, un prodotto fantastico, ma non hai le giuste strategie di vendita e non te ne fai nulla. Bastano piccole tecniche, come quelle che ti sto insegnando oggi, che, messe tutte insieme, sono però assai potenti. Usa storie, se vuoi, per trasmettere le tue informazioni, crea metafore, funzionano meglio di qualsiasi altra informazione tecnica.

SEGRETO n. 26: informa il tuo cliente raccontandogli storie attinenti al tuo prodotto che lo coinvolgano a livello emozionale.

OPPORTUNITA' – Infine, l'ultima fase è quella della **O** come **opportunità**, ovvero cogliere al volo l'opportunità di concludere la trattativa in atto. Se sei il classico venditore che, arrivato al termine della trattativa, si blocca per l'ansia di concludere il contratto, bene, sappi che esistono delle strategie per aggirare con successo questo problema anche lavorando su internet. Per farlo, puoi usare i *presupposti* e le *distorsioni temporali* semplici e complesse, entrambe strumenti molto ipnotici. Vediamo cosa sono e come si usano.

Iniziamo dai **presupposti**. Voglio farti una domanda: in quanto tempo pensi che riuscirai a imparare le strategie che ti ho insegnato oggi? Sì, datti un tempo. Bene, l'hai detto? Ti svelerò un segreto, qualsiasi sia il tempo che ti sei dato, hai comunque accettato il mio presupposto mascherato. Hai accettato subliminalmente la mia presupposizione che imparerai queste strategie, hai dato per scontato che ce la farai, non importa se tra una settimana, un mese o un anno. Io uso normalmente presupposizioni quando spiego ai miei allievi durante i corsi, ovviamente senza rivelarlo, altrimenti l'effetto è vanificato.

Ecco un buon esempio di chiusura trattativa, tu sei con un cliente e devi chiudere, per cui gli chiedi gentilmente: "Preferisce pagare in contanti o in assegno?", ancora "Preferisce dare un anticipo o saldare subito?". A ben vedere, poco importa quale sarà il mezzo di pagamento o se ti salderà immediatamente, l'hai messo in una condizione già successiva alla chiusura senza che lui se ne sia accorto, e, a questo punto, sarebbe molto imbarazzante tornare indietro. Si chiama "falsa scelta". Si tratta di tecniche molto potenti che tolgono dall'imbarazzo il venditore e il cliente.

Anche su internet un discorso del genere è più che fattibile: "Preferisci comprare adesso a prezzo super scontato o domani a prezzo intero?", in realtà, per quanto mi riguarda, puoi fare tutte e due le cose, l'interessante è che compri in ogni caso. Oppure: "A quanti altri corsi vuoi iscriverti? Quanti videocorsi vuoi acquistare?", presuppone che tu voglia iscriverti anche ad altri corsi o acquistare altri videocorsi. La presupposizione è davvero uno strumento potente, perché, nel momento in cui ti risponde, il cliente ha già accettato di acquistare e l'imbarazzo del venditore svanisce.

Questo vale anche per le relazioni sentimentali, infatti si può riuscire a strappare un primo appuntamento con frasi di questo tipo: "Mi chiedevo se ti andava di uscire con me oggi o domani. Quando vogliamo uscire? A pranzo o a cena? Andiamo al ristorante tradizionale o al cinese? In pizzeria o...", false scelte, che *presuppongono* in ogni caso l'accettazione dell'invito.

Un altro artificio che puoi utilizzare insieme alle presupposizioni, sono le *domande nascoste* che abbiamo già visto nella fase rievocativa. Si tratta di porre l'interrogativo in questo modo: "Non so se... mi chiedevo se...", e poi metti la tua presupposizione: "non so se vuoi pagare adesso o dopo...", e servono sempre al medesimo scopo di rendere ancora meno diretta la domanda. Se dici: "vuoi pagare ora o dopo?" è troppo invasivo, più elegante invece: "mi chiedevo se volessi pagare adesso o più tardi".

Appartiene ancora alla fase O la **distorsione temporale**, che ha a che fare con il tempo dei verbi che vengono utilizzati in una frase. Ti è mai capitato di dire: "Domani andiamo al cinema?", perché, secondo te, ho usato il presente quando avrei dovuto usare il futuro? Sarebbe certo più corretto dire: "Domani andremo al cinema". Ho utilizzato il presente perché da un punto di vista di immagini mentali, rende più vicina e concreta l'azione oggetto della frase. Si dice che ognuno di noi abbia un modo inconscio di visualizzare il tempo nella propria mente. Si parla di "time-line", linea del tempo: puoi vedere il futuro di fronte a te, alla tua destra o alla tua sinistra. In ogni caso, se inserisci nella frase il presente indicativo, l'immagine mentale sarà più vicina e quindi più concreta. Nel servirti di questa tecnica, usi il tempo presente per parlare del futuro. Altri esempi: "Acquista questo prodotto e già domani ti senti meglio", invece di "ti sentirai meglio". È più reale, più concreto.

Nella **distorsione temporale doppia**, invece, usi il tempo presente per parlare del domani e il *passato* per parlare dell'oggi, ad esempio: "Se domani stai (non "starai") bene e hai (non "avrai") un sito che vende, è perché oggi hai letto (non "leggi") con grande attenzione questa guida", è una bella suggestione che potrei darti in chiusura. Tornando alla mia frase: "Se domani stai bene", stai e non starai, rende più vicina e concreta l'azione, poi: "è perché oggi hai letto con grande attenzione questa guida", hai letto e non leggi, rende più vicino il benessere promesso e ti concentra maggiormente nella lettura. Questo accade perché, confermando la tua concentrazione nella lettura, ti sto creando un'identità di persona attenta e, per il **principio di coerenza**, lo sarai realmente di più. È come aver preso quello che deve ancora succedere e averlo trasportato nel passato, averlo già dato per scontato, come fosse già successo. È una forma di presupposizione, se vogliamo. Lo approfondisco nel corso di <u>Persuasione</u>.

È etico? Certo, perché voglio solo aiutarti ad apprendere meglio. Non è lo strumento ad avere o meno un'etica, è il modo in cui lo usi. Ovvio, se il tuo prodotto non è buono non è etico spacciarlo per tale e comunque non trarresti alcuna soddisfazione dalla tua vendita. Potresti anche esser stato bravissimo nel convincere a concludere la trattativa utilizzando gli strumenti più giusti ma il cliente si accorgerà di essere stato imbrogliato, parlerà male di te, e del tuo prodotto, avrai da perderci e non da guadagnarci. Se il prodotto, però, è davvero buono, e tu vorrai solo aiutare il cliente a prendere la giusta decisione, è del tutto lecito.

SEGRETO n. 27: cogli l'Opportunità di chiudere la vendita attraverso presupposti e distorsioni temporali.

A questo punto, dopo aver motivato, informato e tenuto desta l'attenzione del tuo cliente, devi inserire un **invito all'azione**. Ora che l'hai motivato con l'emozione e l'hai informato attraverso la ragione, è ora di comprare. Abbiamo visto come, per cogliere l'opportunità, possiamo usare lo strumento della presupposizione: "Mi chiedevo quanti videocorsi intendi ordinare, quali pensavi di scegliere. Vuoi ordinare subito beneficiando della sconto o più tardi a prezzo pieno?", poi ci vuole qualcosa di evidente che lo porti a passare all'azione e quindi a comprare. Sul mio sito ho inserito un bel pulsante "ordina ora", preceduto da un ripasso dei benefici principali e dalla percentuale di sconto praticata sul prodotto. A questo punto, infatti, dovrei aver convinto il cliente perché so che il mio è un buon prodotto, e questa mia sensazione dovrebbe essere arrivata anche a lui. Se ancora non ci sono riuscito, tenterò di rassicurarlo, ma lo vedremo nella terza fase.

Per costruire l'invito all'azione, mi avvalgo di alcuni dei principi della persuasione teorizzati da Robert Cialdini nel testo "Le armi della persuasione". Sono stati tratti da situazioni molto pratiche, che riscontriamo nella vita di tutti i giorni e funzionano molto bene perché sfruttano il funzionamento del nostro cervello così come plasmato dall'attuale cultura sociale.

Il **principio di coerenza** è quello per cui se crediamo di essere un certo tipo di persona e di doverci comportare per coerenza in un certo modo, lo faremo. Se qualcuno sa di fumare molto, e si attribuisce, quindi, con grande convinzione, un'identità di fumatore, non riuscirà mai a smettere. Potrebbe anche decidere di allontanare da sé la tentazione buttando via le sigarette, ma se non si libera dell'identità che si è dato, certo tornerà presto a comprarle.

Ancora, se qualcuno pensa di essere un buon comunicatore, non può permettersi di litigare con nessuno perché andrebbe contro la sua identità. Un mio collega trainer mi racconta sempre di quando la moglie gli dice: "Ma come, tu sei un trainer, dovresti insegnare agli altri a comunicare e poi non sai farlo tu per primo!", è furba perché usa il principio di coerenza contro di lui. A quel punto, lui ha la possibilità di scegliere tra due strade: o nega di essere un buon trainer ed un buon comunicatore o deve ammettere che ha fallito la sua missione e smette di litigare, in ogni caso vince lei. Il principio di coerenza serve, è utile e funziona. Per utilizzarlo efficacemente, in chiusura del tuo minisito potresti scrivere: "Bene, se hai capito quanto sia importante per te la crescita personale e vuoi imparare a comunicare bene per vivere una vita felice, clicca qui ed ordina ora". A quel punto o il cliente dice: "No, io non voglio crescere né essere felice", oppure compra.

"Se vuoi una vita migliore clicca qui per ordinare adesso"

Si tratta di un'ulteriore spintarella all'acquisto perché, sai, è difficile cliccare sul pulsante dell'ordine, bisogna essere molto motivati, bene informati e invogliati da un invito efficace.

Secondo è il **principio del contrasto**. Ad esempio, fai caso all'atteggiamento delle donne durante i saldi di fine stagione: tendono a comprare tantissimo, perché? Perché rispetto al prezzo precedente, quello attuale sembra loro bassissimo e dicono: "la differenza è talmente tanta che devo comprare!". Probabilmente se i negozianti avessero proposto loro lo stesso prodotto a quel prezzo fin dall'inizio, non lo avrebbero comprato poiché non percepito come un'occasione da cogliere a causa del basso prezzo. Ecco che è ancora calzante l'esempio degli stivali acquistati da mia zia per lo squilibrio percepito tra il prezzo pieno di 600 euro e il prezzo a saldo di 300 euro: il contrasto è talmente evidente che, se effettivamente motivati, è impossibile non compare.

"Solo per oggi la quota è di 300 euro invece di 600 euro, sconto del 50%!"

A proposito, sul principio del contrasto sono stati fatti anche degli esperimenti scientifici con delle bacinelle d'acqua, tre per l'esattezza. La prima contenente acqua freddissima, addirittura ghiacciata, la seconda molto calda, quasi bollente, e la terza a temperatura ambiente. La "cavia", metteva la mano sinistra nell'acqua ghiacciata e la destra in quella molto calda, poi le poneva assieme nell'acqua a temperatura ambiente. A quel punto la mano sinistra, che proveniva dall'acqua gelida, la sentiva calda, al contrario la mano destra, che proveniva dall'acqua molto calda, la sentiva fresca: stessa acqua, stessa temperatura, percezioni diverse a seconda dell'esperienza da cui la mano proveniva.

Potrei farti un altro esempio sul contrasto ricordando il mio viaggio in America, a Orlando, fatto per seguire il corso di formazione per trainer di Bandler. Noi ragazzi italiani avevamo formato un gruppo e, spesso, la sera ci ritrovavamo a uscire insieme. Devi sapere, come presupposto al mio racconto, che in America è molto diffuso il problema dell'obesità, molti, giovani e meno giovani sono in forte soprappeso, anche se non se ne fanno un problema, e, in estate, girano tranquillamente in shorts e maglietta corta. Una sera, come dicevo, ci trovammo in un pub nel quale c'era una cameriera di aspetto gradevole. Uno di noi nel vederla commentò: "Carina questa!", in realtà quella ragazza era sì graziosa, ma assolutamente normale e in Italia, probabilmente, non l'avrebbe neanche notata, mentre a confronto con le ragazze del luogo sembrò bellissima!

Il principio del contrasto si applica anche al caso dell'agente immobiliare che prima fa vedere al cliente un paio di case molto semplici e ordinarie, magari anche piuttosto malridotte e poi quella che l'acquirente si aspetta, perfetta e ristrutturata, con tutte le caratteristiche che aveva richiesto e a un prezzo più basso rispetto alle precedenti. È quasi certo che, a questo punto, il cliente acquisterà. Poi, certo, bisogna chiedersi quanto, a livello etico, sia lecita questa strategia e se puoi pensare di applicarla. L'etica in questo caso, secondo me, sta nel far contento il cliente, spingerlo solo un po' verso una decisione che avrebbe comunque preso, magari con un po' di tempo in più, o che avrebbe certamente sbagliato a non prendere. Penso invece sia sbagliato se tenti di vendere un prodotto scadente.

Terzo, il **principio di scarsità.** I saldi sono un buon esempio anche in questo caso: solo se vai il primo giorno troverai i pezzi migliori, dopo sai che il meglio è già andato. Anche i viaggi last minute funzionano sulla base di questo principio: sai che se compri all'ultimo minuto, potrai godere di una grande offerta, se perdi tempo, hai perso l'occasione. Anch'io applico il principio di scarsità nel promuovere i miei corsi, che, a ragion veduta, tengo a numero chiuso. Lo faccio non solo perché sia efficace e curata la formazione, ma perché i posti, essendo pochi, si riempiono con una certa facilità. Se dico: "Sono rimasti solo gli ultimi due posti al corso di web marketing...", è ragionevolmente certo che li venderò immediatamente.

"Ultimi 3 biglietti per partecipare
al corso di web marketing!"

Tutti gli utenti pensano: "Mi devo iscrivere per forza! Mi hai motivato, mi hai informato, mi hai convinto, hai tenuto desta la mia attenzione, non è rimasto che l'ultimo posto e certo non me lo lascio scappare, non mi interessa quanto sia alto il prezzo o se ci sia un'offerta". Tutte le persone che vogliono partecipare, ma ancora non hanno deciso e fino a quel momento non si sono mosse, si muovono. La capacità di vendere non sta nel vendere a chi vuole comprare, ma a tutti quegli indecisi che hanno bisogno di una mano tesa verso di loro.

È lo stesso movente psicologico che utilizzo per proporre le offerte dei corsi in aula: "Hai uno sconto del 10% se paghi 30 giorni prima", che è sia comodo per permettere a noi di organizzare con anticipo il corso, ma anche per dare, comunque, delle scadenze di tempo alle persone che sono eternamente indecise e far prendere loro un impegno. La stessa cosa accade agli albergatori. L'idea è che ci sono dei periodi più vuoti e si fa in modo che si riempiano facendo sì che proprio in quel momento ci sia una grande richiesta in corso.

SEGRETO n. 28: per l'invito all'azione usa le armi della persuasione: coerenza, contrasto, scarsità.

In ogni caso, ricorda che le strategie di Robert Cialdini funzionano bene solo se è stato ben preparato il terreno in precedenza, ascoltando con attenzione il cliente e, sulla base delle sue richieste, motivandolo e informandolo sul prodotto giusto, altrimenti non hanno alcun effetto. Agli allievi dei miei corsi di vendita, ricordo che prima di elencare al cliente l'intera lista dei prodotti che potremmo proporgli, dobbiamo ascoltarlo, essere focalizzati su di lui e su ciò che ha da comunicarci. Solo così potremo dargli quello che cerca e renderlo soddisfatto di noi e della nostra merce.

RIEPILOGO DEL GIORNO 4:

- SEGRETO n. 23: le persone comprano con l'emozione, ma devono giustificare razionalmente la loro decisione, quindi tu devi informarli di ogni aspetto.

- SEGRETO n. 24: se il cliente non è motivato non compra; se il cliente non è informato non compra; è necessario un equilibrio tra motivazione e informazione.

- SEGRETO n. 25: la fase di Universalità consiste nell'utilizzare frasi vaghe e universalmente vere per dare informazioni tenendo alta l'attenzione del cliente.

- SEGRETO n. 26: informa il tuo cliente raccontandogli storie attinenti al tuo prodotto che lo coinvolgano a livello emozionale.

- SEGRETO n. 27: cogli l'Opportunità di chiudere la vendita attraverso presupposti e distorsioni temporali.

- SEGRETO n. 28: per l'invito all'azione usa le armi della persuasione: coerenza, contrasto, scarsità.

GIORNO 5: RASSICURARE

Se a questo punto il cliente non è ancora convinto e gli manca un ultimo piccolo incoraggiamento per lanciarsi nell'acquisto, hai un'altra arma da sfoderare per conquistarlo: il terzo pilastro, **rassicurare**. L'invito all'azione potrebbe non essere stato efficace perché, magari, non hai lavorato bene sulla motivazione o sull'informazione. È sempre bene inserirlo, perché le statistiche del nostro sito dicono che un buon 70-80% arriva già sufficientemente motivato al pulsante "ordina ora", e clicca. Ma c'è quel 20-30% che non clicca subito e che, sinceramente, non voglio perdere. E chi, d'altronde, vorrebbe perdere il 30% dei propri affari o il 30% in più di possibile guadagno o fatturato? Quindi il terzo pilastro è davvero importante.

SEGRETO n. 29: rassicurare il cliente prima dell'acquisto significa non perdere il 30% delle vendite.

Il cliente ha bisogno di essere rassicurato, tenuto al riparo dai rischi che potrebbe eventualmente correre, specialmente in una giungla come internet nella quale tutti abbiamo timore a comprare. Quanti usano la carta di credito per acquisti su internet? Per fortuna un numero sempre maggiore di persone. All'inizio non lo faceva quasi nessuno, era noto il pericolo di clonazione dei dati con relativo furto del contenuto della carta. Fortunatamente, oggi si è arrivati a una tale protezione di dati per le negoziazioni online che è forse più sicuro fare acquisti sul web che non dal negoziante sotto casa. Alcuni dei miei clienti preferiscono, acquistando con carta di credito, comunicarmi il numero per telefono piuttosto che inserirlo nel modulo d'ordine perché lo trovano più sicuro. In realtà non è affatto così perché la linea telefonica non ha assolutamente le garanzie di protezione di una transazione su internet. Peggio ancora se mi propongono di inviare dati per email, noi avvisiamo che è più pericoloso perché un hacker esperto potrebbe intercettarla con i dovuti mezzi.

Comunque internet rimane uno dei mezzi più sicuri. È ovvio che anche online si possa subire un attacco, ma poiché sono poche le banche che gestiscono le transazioni con carta di credito, queste sono blindate, si viene garantiti. Negli altri casi, chi garantisce?

In genere si ha timore di acquistare soprattutto da un'azienda di cui non si sa nulla. Chi, navigando su internet, è finito su brunoeditore.it avrà certamente pensato: "Chi gestirà questa azienda? Saranno persone serie? Io non l'ho mai sentita nominare!". Il compito di un buon venditore del web è quello di rassicurare il suo utente.

Quando sei tu a navigare su internet, da che cosa ti senti rassicurato? Cos'è che ti dà la serenità per acquistare? Magari l'idea che la tua carta di credito passi per un server sicuro come una banca. Ancor prima del momento di pagare, ciò che ti rassicura sono le garanzie che ti offre l'azienda che vende il prodotto. Ad esempio la garanzia 100% soddisfatto, o la possibilità di pagare, oltre che con carta di credito, anche in contrassegno. Tali rassicurazioni sono molto importanti in quanto si ha tanta paura di essere imbrogliati.

Il nostro sito non è la Telecom, non è eBay o Amazon, quindi l'utente non ci conosce e non viene a cercarci nominalmente, arriva a noi tramite i motori di ricerca. Guarda il sito, si fa un'idea di quello che siamo e offriamo, pensa che è molto interessante ed è propenso a comprare, ma ha paura, e questo lo frena. A questo punto intervengo io e, per tenerlo totalmente al sicuro, mi assumo ogni rischio legato all'acquisto. Questo è un punto fondamentale, il venditore, se vuole che il suo prodotto sia acquistato con fiducia, deve assumersi ogni rischio legato alla compravendita del prodotto stesso.

SEGRETO n. 30: è il venditore che deve assumersi ogni rischio legato all'acquisto in modo da toglierlo al cliente.

Se il cliente compra alla cieca cosa rischia? I suoi soldi, di farsi imbrogliare, di fare una figuraccia con gli amici, di prendere un prodotto che non fa per lui e così via. Il celebre Jay Abraham, in un suo libro, ci dice: "La cosa migliore che potete fare per il vostro cliente è assumervi tutto il rischio della compravendita". Ad esempio la classica garanzia 100% soddisfatto è un'ottima rassicurazione da inserire nel proprio sito. Al cliente arriva il prodotto, lo visiona e, se decide che non gli piace, lo manda indietro senza neanche dover giustificare il motivo. A un'azienda conviene fare tutto questo secondo te? In fondo ci rimette una spedizione con corriere, un prodotto che potrebbe tornare graffiato, con la confezione danneggiata, il bollino Siae rotto. Per ciascun prodotto che ritorna, può esserci una perdita in denaro pari a 20-30 euro. Questa, infatti, è una delle più grandi paure del venditore: vanno persi molti soldi tra prodotti non più utilizzabili e spese di spedizione.

Sì, l'azienda può ragionare in questo modo oppurc in modo **orientato al cliente**, quindi secondo la sua ottica. Secondo le statistiche, queste forme di garanzia di soddisfazione sono in grado di aumentare il giro d'affari di un venditore fino al 100%, mentre le persone che rimandano indietro il prodotto sono solamente l'1-2%.

Quindi è vero che rischi di perdere 30 euro sull'1-2% delle transazioni, ma guadagni il 100% in più nel tuo giro di affari, quindi si tratta di un rischio che vale la pena di correre. Prodotto permettendo, questa è una delle strategie che funziona meglio. Dunque offri le tue garanzie, per rassicurare il cliente, per assumerti il rischio. La garanzia 100% soddisfatto è una clausola importantissima che puoi inserire, perché ti dà tantissimo, può portarti a raddoppiare i clienti.

Noi, ad esempio, abbiamo adottato la garanzia 100% soddisfatto per tutelare i clienti anche nei casi di acquisto di quei prodotti per i quali non vale il classico diritto di recesso previsto dalla legge. I prodotti audiovisivi, una volta aperta la loro confezione, non possono essere restituiti. Noi lo permettiamo lo stesso, assumendoci costi e oneri. Il cliente ha visto il prodotto, l'ha ispezionato per bene, non è contento, non ha trovato nulla che può essergli utile e ce lo vuole rimandare? Bene, ce lo restituisce e non deve giustificare neanche il motivo. Certo, mi rendo benissimo conto che ci può essere il furbetto che se lo è copiato, ma ritengo che sia giusto fornire un servizio così rassicurante ai clienti onesti.

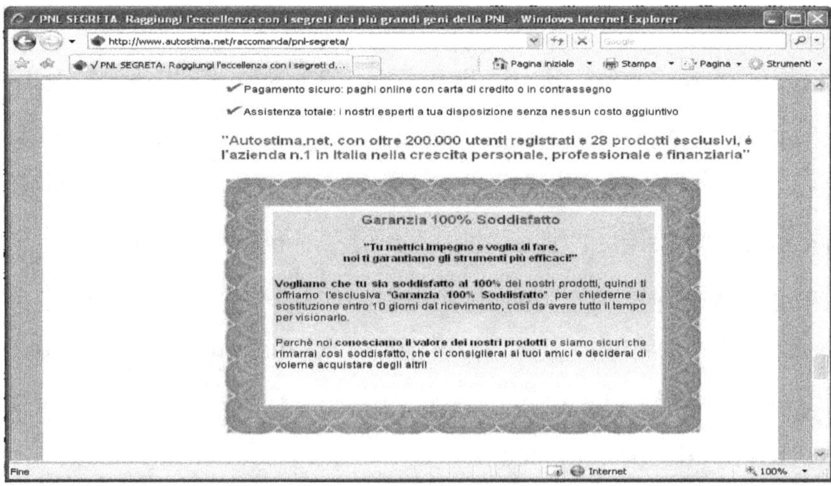

La garanzia 100% soddisfatto, a noi ha fatto cambiare orizzonti.
Il nostro è un prodotto di nicchia, difficile da rendere concreto e
misurabile, come si può garantire, infatti, l'acquisizione
dell'autostima o della sicurezza in se stessi? Come si fa a
garantire il miglioramento della propria comunicazione? È chiaro
che una persona che acquista un prodotto del genere ha molta
paura perché si assume un grande rischio; bene, gliclo copriamo
noi. Quando qualcuno ci chiama al nostro numero verde, dicendo
di essere in dubbio, di non sapere se comprare, noi gli
rispondiamo che vale la pena provare e che, se vuole, può anche
sostituirlo con un qualsiasi altro prodotto a sua scelta, se non
fosse completamente soddisfatto.

**SEGRETO n. 31: offri ai tuoi clienti la garanzia 100%
soddisfatto anche sui prodotti per i quali non vale il diritto di
recesso.**

Se decidi di adottare una qualsiasi forma di garanzia, mettila bene
in vista nel sito. In particolare, si può pensare di offrire
quest'ultimo tipo su tantissimi tipi di prodotti. Addirittura l'hanno
applicata all'Actimel di Danone, ma chi mai renderà le

bottigliette residue di una confezione? Chi dirà di non averlo gradito, di non aver ottenuto risultati? Nessuno lo rimanderà mai indietro, è praticamente certo. Intanto citano questa garanzia in pubblicità, ed è diventata un loro punto di forza, perché fa comunque capire che è un prodotto valido.

Oltre al 100% soddisfatto, noi offriamo altre garanzie per invogliare il cliente. Abbiamo la **consegna tramite corriere entro 48 ore**: anche in questo caso si tratta di un qualcosa di costoso che, però, si traduce in un investimento sulla qualità del nostro servizio. Nei primi tempi dell'attività, spedivamo i videocorsi attraverso le Poste Italiane. Tuttavia coloro che lavorano utilizzando le Poste, sanno benissimo quali e quante difficoltà si incontrino continuamente. Oltre alla seccatura di recarsi fisicamente alla posta a spedire i pacchi uno per uno, c'è da attendere che l'addetto inserisca i dati con una lentezza disperante, con conseguente grossa perdita di tempo. In più il destino dei pacchi è quanto mai incerto, su dieci pacchi, mediamente, uno spariva, due tornavano indietro e dei pochi contrassegni che venivano pagati un paio finivano sempre nel nulla. Reclami su reclami, sto aspettando 2.000 euro da oltre 3 anni, ma già so che non li vedrò mai più, perché, per la mia esperienza, il servizio non è molto efficiente.

La morale è la seguente: se lavori in maniera continuativa, le Poste non fanno per te, almeno finché non si inventeranno qualche nuovo servizio dedicato ai clienti "business". Utilizzando il corriere, invece, non solo ho offerto un servizio aggiuntivo ai clienti, perché il pacco arriva loro prima, ma l'ho offerto anche alla mia azienda, infatti il corriere pensa a tutto, dal ritiro alla consegna, tu devi solo preoccuparti di preparare i pacchi. Il corriere viene a prelevarli in sede, li spedisce, ti fa avere il link del pannello sul quale seguire online la spedizione e, in più, ti garantisce i contrassegni, nel senso che se il contrassegno va perso o il corriere si dimentica di ritirarlo dal cliente, mette i soldi di tasca sua.

SEGRETO n. 32: offri ai tuoi clienti servizi di spedizione sicuri, veloci e garantiti.

È tutto assolutamente garantito, non ti arrivano 200 vaglia postali, ma un unico bonifico, ogni 10 giorni, con grande precisione. È tutto molto semplificato. Un servizio per il cliente e per l'azienda che vende. Ovviamente vale la pena utilizzare il corriere se il prodotto è consono, se spendi 10 euro a corsa per inviare libri che ne costano 19 cadauno, non ti conviene più. Su un videocorso da 100 euro, invece, ne vale sicuramente la pena.

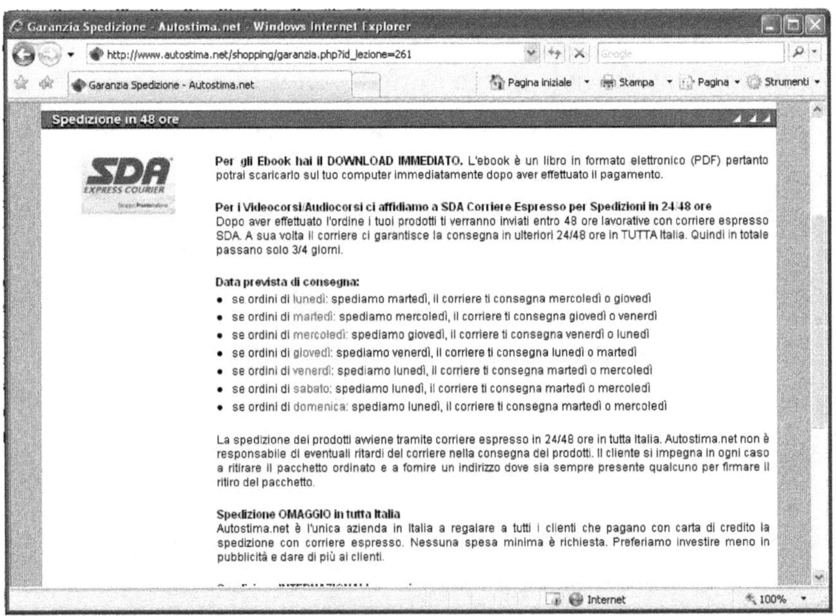

Un'altra garanzia che aumenta la fiducia, la credibilità e conferisce una migliore identità all'azienda, è il **numero verde**. Quante aziende hanno il numero verde? Poche. Guarda i siti di e-commerce. La maggior parte nasconde i numeri di telefono proprio per evitare chiamate, perché i call center costano. Ad esempio, se provi a contattare eBay, devi perdere almeno un quarto d'ora di tempo per trovare un modulo attraverso il quale far pervenire loro una tua email. Altro che numero di telefono, non riesci a contattarli neanche per email!

Il numero verde conferisce alla tua attività l'identità di grande azienda. Infatti, pensaci, chi ha il numero verde normalmente? Solo le grandi aziende. Quindi che tu sia una grande azienda o meno, se hai un numero verde, vieni percepito come tale. La paura che può assalire il venditore è che, di conseguenza, si debba dotare di una quantità immane di personale per rispondere alle telefonate, oltre a sopportare il costo del numero verde in sé. Ti informo che il numero verde è gratis, non devi sborsare neanche un euro. Devi solamente acquistare un credito prepagato che ti verrà scalato man mano che gli utenti ti chiamano. Il costo di una chiamata ricevuta ammonta a pochi centesimi al minuto, quindi pochissimo. Spese bassissime in cambio di grande credibilità e grande fiducia. Noi della Bruno Editore abbiamo messo il numero verde e i clienti sono aumentati ancora più di numero, perché si crea un'altra sintonia con il cliente, si riesce a dare una forza superiore alla propria azienda. Quante telefonate riceviamo in totale? Pochissime e sì che abbiamo migliaia di visitatori al giorno. Pertanto, nel tuo caso non avrai bisogno di assumere una persona apposita per fare solo quel lavoro, lo può tranquillamente fare la tua segretaria che si occupa anche di fare molto altro, o tu stesso.

SEGRETO n. 33: offri ai tuoi clienti un numero verde gratuito dove poterti contattare per l'assistenza.

Tra l'altro, a ben pensare, quante volte ti è capitato di contattare un numero verde nella vita? A me ben poche, avrò chiamato alcune volte il 187, il 191, i numeri verdi degli operatori di telefonia, ma difficilmente un'azienda. E soprattutto non ho mai chiamato un'azienda che lavora su internet e che sul suo sito mi dà già tutte le informazioni di cui ho bisogno per capire e ordinare.

Ancora una volta, tutto sta nell'usabilità e nella completezza del sito. Se fai un buon lavoro sul blog o sul minisito, non avrai neanche bisogno di dedicare tempo ai servizi di assistenza clienti.

Io ho notato che alcuni siti di e-commerce hanno messo gli 899, numeri telefonici a pagamento. A questo punto mi chiedo come un sito di e-commerce, che dovrebbe invogliare e aiutare il cliente a comprare, possa mettere un numero a pagamento che chiaramente lo disincentiva a chiamare. È chiaro che l'azienda, così facendo, si ripaga il costo del call center, ma pone il cliente quasi di fronte a un ricatto, non offre un servizio. Personalmente non mi fiderei di un sito di e-commerce che mette l'899. Non ricordo chi tra Fastweb e Sky sia diventato a pagamento, che dire? Mettiamoci dal punto di vista dell'utente, io sono un cliente, pago un sacco di soldi, mi capita un problema che mi ha causato l'azienda e, per dirglielo, devo anche pagare? Se ha spese interne da coprire non è un mio problema. Mi crea un danno perché la linea o qualsiasi altro servizio non funziona e poi devo pagare io? È assurdo, quindi tendo ad evitare di servirmi da loro.

Riguardo a Telecom, per quanto gli operatori siano ben poco preparati e sia spesso necessario chiamarli 3-4 volte perché mettano a fuoco la situazione, devo dire che sono precisi nei tempi di risposta, se dicono: "Il suo numero sarà servito entro 3 minuti", è quasi sempre vero. È un servizio abbastanza funzionante ed è gratis. Il numero verde non ti costa nulla e ti dà tantissimo in termini di resa e di clienti.

Un altro punto molto importante è il seguente, ricorda che i **dati dell'azienda** devono essere sempre bene in vista su tutte le pagine, o ci deve essere un "chi siamo", posto in un link apposito che il cliente possa visionare.

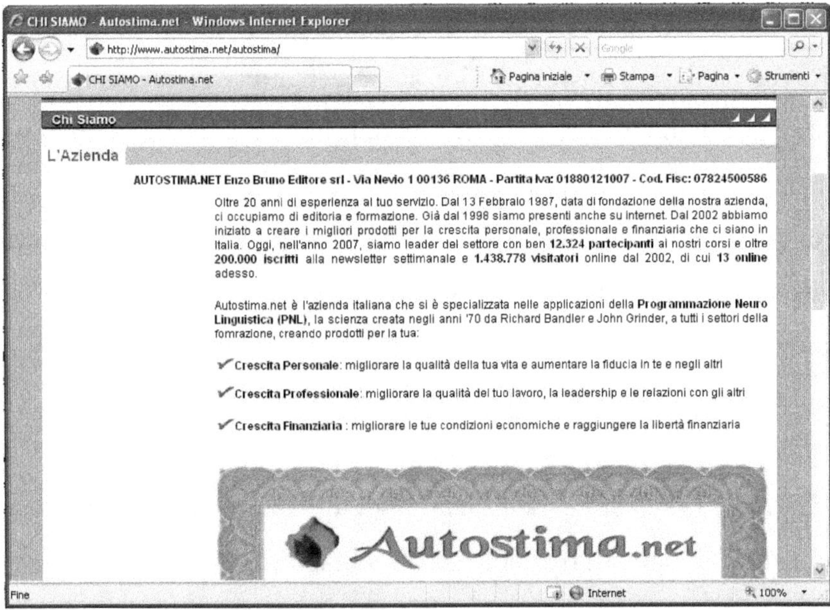

Infatti, se ti interessa il prodotto di un'azienda della quale non sai niente, avrai ben diritto di sapere qualcosa di più su chi la diriga o sulla sua politica, la sua missione o altro. Vuoi sapere chi c'è dall'altra parte, se corri il rischio di venire imbrogliato, vuoi avere un numero di telefono cui ti rispondano, un indirizzo fisico da ricercare e verificare.

SEGRETO n. 34: inserisci i tuoi dati e i tuoi recapiti bene in vista su tutte le pagine del tuo sito o blog.

Quindi, nel box del "chi siamo", inserisci, nome dell'azienda, S.r.l., Partita Iva, città, numero di telefono, numero verde, ancora meglio, numero di fax e ti renderai conto che, con questi semplici elementi, salirà in maniera esponenziale il prezzo cui puoi vendere, il numero dei tuoi clienti e di coloro che tornano dopo un primo acquisto. Questo accade perché si fidano di te, perché c'è una grande credibilità, perché assumi tu tutti i rischi della transazione.

Posso dirti, in tutta sincerità, che se fossi un cliente comprerei senza problemi dalla mia azienda. Ho colleghi che fanno un lavoro simile al mio e offrono le mie stesse garanzie, ho sempre comprato con grande tranquillità, non ho mai chiesto rimborsi ed ho continuato a comprare da loro sapendo di essere tutelato in ogni modo.

Queste sono garanzie che davvero possono darti tanto in termini di risultati. Non c'è una formula magica: se informi, garantisci e rassicuri i clienti, aumenterà il loro numero, la quantità di denaro che ciascuno sarà disposto a spendere e le volte che quel cliente, dopo un primo acquisto, tornerà da te.

Il cliente potrebbe avere qualche **obiezione** relativa al tuo prodotto ed è compito di un buon venditore saperle gestire efficacemente. Come? Attraverso una tecnica denominata "ricalco". Mettiamo che mi trovi, come mi capita spesso, a parlare in pubblico, una persona mi fa un'obiezione e io rispondo. Certo, così è molto semplice, ma che succede se il cliente non può far questo perché il nostro rapporto si realizza tramite web? Devo fare una cosa molto saggia, ovvero *anticipare le obiezioni*. Le anticipo, ovvero le dichiaro per primo io al mio cliente, in modo da bruciarle sul nascere. Lo posso fare perché conosco meglio di chiunque altro il mio prodotto e so perfettamente cosa mi si potrebbe obiettare. L'anticipare le obiezioni non è una novità del web marketing, si usa anche nel public speaking e nella vendita.

Ad esempio, nei primi tempi in cui mi occupavo di comunicazione aziendale, incontravo sempre alcune difficoltà di approccio con il gruppo di persone da formare. Spesso mi trovavo di fronte a 50 venditori con esperienza anche trentennale di vendita alle spalle, persone che vendevano per lavoro un prodotto del quale io non sapevo assolutamente nulla. Erano chiuse nei miei confronti poiché vedevano il corso come una punizione inflitta loro a causa dello scarso rendimento nelle vendite e si veniva a creare un ambiente piuttosto ostile. Mi vedevano estremamente giovane e mi ritenevano del tutto incapace a dare loro lumi, in più avevano una serie di preconcetti, come ad esempio: "Ma che vuole questo? Chi è? Quanti anni ha? Cosa pensa di potermi insegnare? Come fa a insegnarmi qualcosa se non conosce le dinamiche dell'azienda?". Ho risolto anticipando le loro obiezioni, mi sono detto: "Meglio bruciarle per primo, tanto le pensano comunque, può essere un modo per entrare in sintonia con loro". Non mi sono mostrato insicuro, al contrario sono entrato in sala e mi sono presentato affermando che mi rendevo conto di non ispirare molta fiducia a causa della mia giovane età, ma che, nel mio ambito avevo maturato molta esperienza e possedevo diverse specializzazioni. Dissi che dall'età di 13 anni mi occupavo di apprendimento rapido, comunicazione, persuasione, Programmazione Neuro-Linguistica e vendita.

Chiarii loro di essere lì non per insegnare a vendere, ma a comunicare meglio con i propri clienti. Dissi di essere anch'io nelle vendite con miei prodotti e di dovere anch'io trattare giornalmente con i miei clienti, quindi spiegai di essere perfettamente in grado di offrire loro strumenti per farli migliorare. Spiegai di capire anche la comprensibile frustrazione per non trovarsi a riposare a casa nel weekend piuttosto che a un corso di formazione, ma oramai eravamo lì ed era il caso di sfruttare quei due giorni per imparare qualcosa di costruttivo per il futuro, anche perché io venivo comunque pagato, che loro ascoltassero o meno.

Se non avessi fatto questa premessa, avrei lavorato male, in una situazione sfavorevole per entrambe le giornate del corso, e non avrei formato efficacemente. Anticipando le loro obiezioni le ho smorzate sul nascere. Dopo un ingresso così, gli allievi o mi mandano a quel paese o mi fanno l'applauso, perché capiscono con chi hanno a che fare, tutto qui.

Accade la stessa cosa, anzi peggio, quando faccio formazione ai medici. Faccio dei corsi di comunicazione medico-paziente, e i medici sì che sono rigidi, altro che i venditori. Sono lì senza alcun interesse per quanto ho da dire, spesso non pagano perché si tratta dei corsi obbligatori con i crediti formativi, sono molto chiusi in loro stessi, perché magari sono primari in qualche ospedale, hanno tanta esperienza e quindi non mi vedono di buon occhio. Tuttavia hanno comprensibili difficoltà a comunicare malattie anche gravi ai loro pazienti, e io sono lì per aiutarli. Anche in questo caso li anticipo, brucio le loro obiezioni su di me, dicendo che sì, sono giovane, non sono un medico e non ho alcuna esperienza di ospedali, ma resto comunque un professionista della comunicazione e posso dar loro preziosi consigli sul modo di rapportarsi con i pazienti. Nel formarli, io non perdo nulla e loro hanno tantissimo da acquistare.

Posso fare la medesima cosa sul web, ricalcare i miei utenti, mettermi dal loro stesso punto di vista. Se pensano che sia troppo giovane, bene, lo dico io per primo, così non mi colgono impreparato. Sappi che nel campo della formazione, dell'autostima, e in genere dei servizi intangibili, come il coaching, ci sono gli scettici, e per bruciarli in partenza dico loro: "Lo so che sei scettico, che ti sembra di acquistare qualcosa di intangibile, ho avuto anch'io la medesima sensazione in principio. La prima volta che mi sono affacciato sul mondo della formazione, ero convito che fossero tutte stupidaggini, che non si potesse realmente cambiare il proprio modo di essere e di porsi, se la si pensava in un dato modo. Poi ho scoperto, proprio provando un corso, che attraverso la formazione si può imparare davvero tanto e si può crescere, sia a livello personale che professionale". Prendo la loro obiezione e la guido verso la mia posizione.

Tuttavia, nell'anticipare le obiezioni esiste un rischio, che tu anticipi obiezioni che il cliente non aveva, magari si tratta di una tua convinzione negativa sul prodotto, un qualcosa che al cliente non era venuto in mente. Poniamo che tu sia un venditore di immobili e che sia convinto che uno dei tuoi appartamenti sia un mezzo imbroglio. Nel momento in cui ne stai trattando l'acquisto con un cliente, ti viene da dire: "So che potrebbe sembrare una truffa, ma non lo è...", ti stai dando la zappa sui piedi da solo, stai anticipando un'obiezione che nessuno ti ha fatto e probabilmente ti avrebbe fatto apertamente, e stai invece scoprendo una tua convinzione riguardo all'immobile. Nello stesso modo io potrei affermare: "So che i miei videocorsi sembrano costare troppo, ma non è così perché il loro valore giustifica il prezzo", a parte il fatto che non ritengo affatto che i miei corsi costino troppo, anche in questo caso anticiperei un'obiezione che, probabilmente, per il cliente non esiste. Quindi, facendo molta attenzione a ciò che dici, anticipa le obiezioni dei clienti, perché solo così riuscirai a bruciarle sul nascere.

Una cosa carina e utile da inserire in un sito è una pagina con le cosiddette "**faq**", ovvero le domande frequenti poste dagli utenti, moltissimi siti ce l'hanno. Vedila così, se hai notato che per alcuni dei tuoi prodotti le obiezioni dei clienti sono sempre le stesse, puoi creare una pagina dedicata, con domande e risposte, cui si accede tramite un link nella pagina del prodotto. In questo modo, hai tutto il tempo di studiare risposte accurate ed efficaci.

SEGRETO n. 35: chiediti quali siano le obiezioni più comuni sul tuo prodotto e anticipale con le domande frequenti (faq).

Quando anticipi un'obiezione, non strutturarla così "capisco quello che vuoi dire, *però* la verità è quest'altra…" perché appariresti tutt'altro che in sintonia. Concentrati sulla linguistica da utilizzare, vediamo i termini da evitare nel rapporto con i tuoi clienti sul web. Un'espressione come "però", all'interno di una frase, ha il potere di cancellare tutto quanto è stato detto in precedenza. Perciò, se affermassi: "Capisco quello che dici, è normale essere scettici all'inizio, **però** devi crederci e seguire il corso", non andrebbe assolutamente bene e ti spiego perché.

Nella prima parte della frase, tendi la mano al potenziale cliente e gli dimostri comprensione, tanto da far sì che sia propenso a provare e ad ascoltare ciò che avevi da dire. Inserendo il "però" vanifichi ogni tuo sforzo, ti allontani bruscamente dicendogli che, invece, è lui che deve venire verso di te. In sostanza hai sminuito e mortificato tutto quello che hai detto prima, hai ritirato tutta la comprensione che inizialmente avevi dato, l'hai cancellata. Se inserisci il però in una frase, vuol dire che non credi davvero a quel che stai dicendo. All'inizio ricalchi il cliente, poi gli lasci bruscamente la mano: non è questo il modo di dare comprensione.

Quindi, tieni a mente questo punto, il **ma**, il **però**, il **tuttavia**, sono espressioni avversative che dovrebbero essere usate con parsimonia nel tuo linguaggio. Questo è tanto più vero quando tenti di anticipare un'obiezione, perché crei distonia, togli rapport, metti in pericolo l'essere sulla stessa lunghezza d'onda. Il cliente resta smarrito, disorientato, si dice: "Ma come? Mi dai comprensione e poi ti ritrai bruscamente?". Per lo stesso principio, la frase "Ti amo però non ti comporti mai bene!", non è piacevole da sentirsi dire. Anche a livello di immagini mentali, il ma, il tuttavia e il però, hanno il potere di cancellare la precedente parte di frase per sostituirvi la successiva.

Utilizza, al loro posto, la congiunzione "e", non sbagli. Noti anche tu che è ben diverso dall'esempio di poco fa se dico: "È ben vero che all'inizio si può essere scettici nei confronti della formazione, **ed è anche vero** che quando provi un corso ti rendi conto che le cose funzionano". Fila liscio, non ci deve essere avversione, perché io non voglio creare avversione con il cliente, si tratta di due visioni che non si scontrano ma vanno in parallelo. È giusto essere scettici all'inizio ed è anche giusto provare per rendersi conto. Per cui sono cose che vanno in parallelo, anche a livello visivo, di immagini interiori.

Al posto della "**e**" congiunzione, puoi anche utilizzare la frase "**ed è proprio per questo che...**", che ti dà la possibilità di trasformare la presunta obiezione in una motivazione. Se il cliente ti dice: "Io sono scettico", tu gli rispondi "Capisco che tu sia scettico, **ed è proprio per questo che** devi iscriverti al corso, così ti rendi conto, sulla tua stessa pelle, che la PNL funziona". Ecco che quella che era un'obiezione, essere scettici, diventa la motivazione per comprare il corso. Molto potente.

Anche Anthony Robbins, grande guru della motivazione e della formazione, dice: "Togliete le avversative e mettete una **e**", è più che sufficiente. Basterebbe anche solo questo per migliorare di moltissimo la nostra comunicazione, per evitare tanti litigi e tante vendite perse. Ora fai una cosa, prenditi cinque minuti e scrivi le tre obiezioni che i tuoi clienti ti fanno più spesso sul tuo prodotto o sul prodotto che intendi realizzare. Oppure pensa a tre possibili obiezioni che, da cliente, solleveresti rispetto al tuo prodotto.

____

____

____

____

In fondo le obiezioni sono sempre le stesse, specie quelle generiche sul comprare via internet. Io le anticipo così: "Mi rendo conto che comprare online sia difficile e proprio per questo noi ti offriamo la garanzia 100% soddisfatto". Facendolo, ricalco un'obiezione che probabilmente il mio cliente avrebbe da oppormi e gli offro già la soluzione, sapendo quanto sia importante offrire garanzie e tutelare in tutti i modi possibili il mio cliente.

Il pagamento in contrassegno, in alternativa a quello fatto con carta di credito, per esempio, è un'opzione che devi avere, se vendi prodotti tangibili. Infatti, molti fra i miei clienti preferiscono ricevere la merce, averla in mano, toccarla, prima di pagare. Ogni tanto capita qualche utente davvero molto scettico che chiama e vuole parlare con noi, deve capire chi c'è dietro, chi siamo e cosa facciamo e noi rispondiamo con la massima calma alle sue perplessità. È ovvio che, se ti assumi tutti i rischi, il cliente non avrà più paura, e questo è importante, tanto più su internet, tanto più parlando di web marketing.

È possibile gestire efficacemente le obiezioni anche attraverso una serie di tecniche denominate **"sleight of mouth"**, ovvero "giochi di prestigio verbale". Note solo a pochi esperti di Programmazione Neuro-Linguistica, sono state teorizzate da Robert Dilts, celebre trainer di PNL, che si è preso la briga di modellare personaggi di un certo peso, ovvero Gandhi, Hitler, e altri leader di ogni tempo. Egli notò qualcosa che, pure nelle oggettive diversità, essi avevano in comune: riuscivano ad essere efficacissimi nella persuasione delle persone che li ascoltavano usando un certo tipo di linguaggio e riuscendo a conformarle al loro pensiero. Il numero di questi giochi di prestigio verbale supera la decina, ma in questa guida parleremo solo di quelli che più si adattano al web marketing, che possono meglio aiutarti a gestire obiezioni, commenti, idee e spunti per il tuo cliente, ovvero:

- **ristrutturazione**

- **intenzione positiva**

- **autoriferimento**

- **conseguenza**

- **altro risultato**

- **gerarchia di valori**

- **controesempio**

Per **ristrutturazione** si intende prendere in considerazione un dato concetto e cambiarne o modificarne il senso, alleggerendolo. Se un tuo cliente ritiene che un tuo prodotto sia troppo caro, obiezione classica, puoi dire che sì, in effetti *il valore*, e non più il prezzo, del tuo prodotto è molto elevato. Quindi che cosa hai fatto utilizzando lo sleight of mouth? Hai cambiato il senso della frase del cliente sostituendo "prezzo caro" con "valore elevato", ciò che era prezzo è stato ristrutturato in valore. Ovviamente la frase, così tramutata, non corrisponde più alla precedente, ma, grazie a questo gioco di prestigio verbale, fai in modo che il cliente la percepisca come tale.

Io mi servo continuamente della "ristrutturazione", anche durante i miei corsi o le mie sessioni di coaching. Se un mio allievo mi confessa di essere timido avvertendolo come un suo difetto, io rispondo che se da un certo punto di vista può essere considerato un difetto, dall'altro può essere visto come un valore e proseguo: "Se sei timido, probabilmente stai spesso da solo, quindi vuol dire che stai benissimo anche da solo…", e il cliente inizia a rendersi conto che la timidezza, che fino a ieri considerava un difetto e che lo angosciava da una vita, in realtà gli ha offerto un grande regalo: la *capacità*, assai rara, di *star bene con se stesso*.

Non sai quante persone hanno il problema inverso, e, per paura di restare sole, non spezzano relazioni ormai esaurite, o non tagliano il cordone ombelicale con la propria famiglia. Ristrutturando la sua frase, ho fatto capire al mio allievo che la capacità di saper gestire i propri stati d'animo e stare da soli è qualcosa di molto desiderato.

Se, invece, un'altra persona viene da me perché non riesce a convivere bene con la sua testardaggine, sai cosa le dico? Che io una persona testarda l'assumerei al volo. Certo, in famiglia o all'interno di una coppia può essere pesante conviverci, ma se io sono un dirigente d'azienda e voglio raggiungere dati obiettivi, ho bisogno di persone testarde. La testardaggine nel lavoro è una gran dote, perché si trasforma in determinazione.

Attraverso la ristrutturazione, puoi facilmente cambiare il significato delle parole e il senso alle frasi e questo è assai interessante se vuoi capire l'interlocutore o anticiparne le obiezioni. Anche nel ricalco, che abbiamo visto prima, puoi farlo: "Sì capisco che il prezzo ti possa sembrare elevato, anch'io lo avrei pensato anni fa, ed è anche vero che il valore che bisogna attribuire al nostro prodotto è tale per cui…", modifichi la tua frase, scambiando i concetti di prezzo e valore.

Altro sleight of mouth è l'**intenzione positiva**, strategia molto interessante. In questo caso il nostro obiettivo è cercare l'intenzione positiva, ovvero il movente positivo mascherato dall'obiezione del nostro interlocutore. Se un tuo cliente obietta che il tuo prodotto è troppo caro, puoi rispondere: "Bene, sono contento che tu voglia salvaguardare i tuoi risparmi, è un ottimo atteggiamento che io condivido perché odio buttare i soldi, esattamente come te, ed è proprio per questo che ti consiglio il nostro videocorso che ti insegna a diventare più ricco lavorando in maniera intelligente". Se ti fanno un'obiezione, tu cerca l'intenzione positiva che ne sta a base: la persona che obietta non lo fa per darti fastidio, ha un problema e cerca una soluzione; c'è un qualcosa di buono, magari una paura, sicuramente un'intenzione positiva. Se qualcuno ti dice che è troppo caro, è perché non vuole buttare i soldi o ha paura di essere fregato, devi cercare l'intenzione positiva che c'è dietro le sue parole. Questo è un atteggiamento di grande rispetto e di grande apertura mentale nei confronti del tuo cliente.

Se tu proponi a qualcuno di iniziare una relazione con te e come risposta ottieni una frase del genere: "Io ho paura di fidanzarmi", pensa quale può essere l'intenzione positiva che c'è dietro. Puoi replicare senza scomporti minimamente: "Mi fa piacere che tu voglia prendere le decisioni con calma, è una dote che apprezzo". Quindi ricerca sempre l'intenzione positiva, perché è dietro ogni comportamento umano. Diverrai sempre più bravo man mano che fai esercizi. Cerca di trovare un'intenzione positiva dietro a ciascuna obiezione, ciascuna affermazione, ciascuna frase.

Terzo tipo di sleight of mouth è l'**autoriferimento,** assai interessante. In questo caso, il nostro scopo è riferire l'obiezione a se stessa, obiettare l'obiezione, capovolgere su se stessa l'obiezione. Se qualcuno ti dice: "Il corso costa troppo", tu replichi: "E *quanto ti costa NON* fare il corso che ti potrebbe far guadagnare soldi da subito?", cioè se mi dici che costa troppo farlo, io ribalto la tua frase e ti chiedo quanto ti costa *non* farlo.

Quanto ti costa non guadagnare bene da subito con una o più rendite esterne che ti liberino dalla necessità del lavoro? Quanto ti costa non sentirti sicuro di te? Quanto ti costa perdere la possibilità di intrecciare una relazione con una persona perché non possiedi le giuste strategie per comunicare meglio? Quanto ti costa non investire in Borsa sapendo che puoi guadagnare dei soldi?

Io ricordo di aver usato questa tecnica per convincere un'azienda di pianoforti della necessità di una consulenza. Avevano bisogno di formare i loro venditori. Ho fornito loro tutte le informazioni che avevano richiesto e, alla fine, erano un po' spaventati dal prezzo, 2.000 euro a giornata di formazione.

Ci hanno pensato un po' su, poi mi hanno contattato per dirmi che non se la sentivano di fare un investimento tanto elevato; io, di rimando ho chiesto quante vendite fossero in grado, in media, di realizzare al giorno, dissero che si aggiravano intorno alle 3-4. Ancora chiesi quanti clienti entrassero nel negozio in una giornata, appurai che erano 6-7 in media. A quel punto portai il titolare a riflettere sul fatto che di fatto perdeva 2-3 vendite al giorno. E, vendendo ogni pianoforte a un prezzo compreso tra i 5.000 e i 10.000 euro, venivano a perdere tra i 15.000 e i 30.000 euro al giorno di fatturato. Per cui valeva ben la pena di investire qualche migliaio di euro in formazione! Lo convinsi e, ovviamente, si rese conto di quanto fosse necessario formare i suoi addetti. Quand'anche fossi riuscito a formarne uno solo e a vendere un solo pianoforte in più al giorno, con quella sola vendita il titolare si sarebbe ripagato l'intera formazione.

Io sul sito di Bruno Editore ho scritto un paragrafo che aiuta a riflettere: "Quanto ti costa NON comprare questo prodotto? Quanto ti costa in termini di comunicazione, di autostima, di relazioni perse, di ricchezza mancata, di soldi non investiti?", e continuo: "Poi succede che, visto che sei ugualmente interessato a questo argomento, ti trovi a spendere molti soldi in libri o in corsi, quando con una spesa moderata puoi visionare anche 100 volte il mio videocorso comodamente a casa tua. Dunque, quanto ti costa non averlo?".

L'autoriferimento, secondo me, è il più potente fra gli sleight of mouth. Faccio un altro esempio per rendere più chiaro il concetto. Alla persona che ti dice: "Ho paura di fidanzarmi", tu replichi: "E quanta paura ti fa l'idea di restare sola per il resto della vita?". Se ti fa paura avere quel che dici, quanta paura ti fa *non* averlo?

Lo sleight of mouth denominato **conseguenza**, serve per focalizzare l'attenzione sulla conseguenza di non fare una certa cosa, come ad esempio la conseguenza del non comprare: "Non vuoi comprare? Va bene, ma non facendolo perderesti un'occasione che non si ripeterà mai più. Lo so che sei scettico, d'altra parte, se non compri ora, non potrai mai più godere di questa offerta". Quindi qual è la conseguenza? Che tu non usufruirai dello sconto. Oppure: "Se tu non lavori sulla tua motivazione, sulle tue convinzioni, a un certo punto ti renderai conto di aver tramandato ai tuoi figli le tue convinzioni limitanti".

Questa strategia viene utilizzata molto anche da Anthony Robbins, nei suoi corsi di motivazione. Lui vuole aiutarti ad identificare ed eliminare le tue convinzioni limitanti, ad esempio: "Io non posso essere un buon venditore", che è una convinzione molto limitante se vuoi fare il venditore, e replica: "Okay, che conseguenze avrà questa tua convinzione?". È simile all'autoriferimento e, al tempo stesso, fa un po' guardare alle conseguenze della tua convinzione. Per cui Robbins dice: "Bene, immagina di essere già cinque anni nel futuro e di avere ancora la tua convinzione, ce l'hai ancora dentro, ben radicata. Guarda quante cose stai perdendo, guarda cosa perderai per avere ancora la tua convinzione limitante, e tra dieci anni? Tu sarai ancora fermo a questo punto, non potrai fare ciò che desideri, non otterrai nessun risultato, magari perderai quell'amico, quell'amica, quella persona per te importante, senza dire che la trasmetterai alle generazioni future, ai tuoi figli e poi ai tuoi nipoti...", insomma, durante il suo corso ti mette in uno stato tale di dolore nei riguardi di quella convinzione che te ne vorrai allontanare a tutti i costi. Cosa accade? Che te ne dissoci, te ne allontani perché ne hai potuto constatare le conseguenze e solo a pensarci stai male. Sul web non devi certo tendere all'obiettivo di far sentire male una persona, solo devi aiutarla a riflettere, a non perdere un'occasione: "Compra oggi, non perdere questa occasione per sempre. Sei rimasto l'ultimo a non aver comprato!".

Lo sleight of mouth definito **altro risultato** si ha quando, linguisticamente, spostiamo l'attenzione su un'altra cosa, ad esempio: "Sai, *la questione non è tanto se* un prodotto è caro o no, piuttosto devi guardare ai risultati che ti può offrire" ancora, "La questione non è tanto il prezzo, ma quanto il prodotto valga", occorre spostare il riferimento, il focus mentale della persona. Cosa intendo per *focus mentale*? Si tratta della situazione in cui si è concentrati su una cosa, si è convinti di qualcosa e non si riesce a vedere altro, e certo questo accade anche nella vendita e nel marketing online.

Parliamoci chiaro, quando decidi di cambiare macchina e vuoi comprare la tua bella Mini perché ce l'ha il tuo amico e ti piace tanto, improvvisamente vedi Mini dappertutto, è vero o no? Accade perché il tuo cervello è focalizzato su quel dato oggetto, quindi, improvvisamente, vedi tantissimi modelli Mini girare per la città, vedi ovunque concessionarie della Mini, ti arriva a casa l'opuscolo della Mini che non avevi richiesto e così via. Cosa vuol dire? Che inizi ad incappare in moltissime coincidenze, ma non c'è nessun mistero. È solo che il tuo cervello si è focalizzato nei confronti di quel dato oggetto e lo individua molto di più di prima. Parlavo di questo argomento durante un corso sugli obiettivi, dicevo di quanto fosse importante, nel momento in cui si ha un obiettivo, focalizzarsi, e dicevo che, incredibilmente, mi era successo qualcosa di simile poco prima. Avevo visto la reclame di un prodotto per la dieta su un canale televisivo, il giorno dopo mi arriva una email di spam con questo prodotto, ma non è finita, qualche ora più tardi tengo una sessione di corso ed un mio allievo, che tratta esattamente quel prodotto, mi propone di sponsorizzarlo sul minisito del corso sul controllo del peso che dovevo tenere a breve. Che coincidenze!

Il buon venditore deve avere la capacità di focalizzare il cliente sulla cosa giusta, quindi non sul prezzo, piuttosto sui **benefici** che il prodotto può apportargli. Dopodiché motivare adeguatamente e rassicurare il cliente, liberandolo da ogni timore. Puoi inserire sul tuo sito un paragrafo del genere: "La questione non è tanto se un prodotto costa caro o se è tangibile, piuttosto conta quanto è importante per te ottenere dei risultati stabili e duraturi in termini di comunicazione, di rapporti umani, di crescita personale, professionale e finanziaria". Così per qualsiasi prodotto.

Molto simile a questo, è un altro sleight of mouth, denominato **gerarchia di valori**, che ti dà la possibilità di mettere a nudo la gerarchia di valori che il cliente sembra crearsi nei confronti di un dato prodotto. Se ti parla di prezzo, vuol dire che in cima alla sua lista c'è il valore "denaro" e bisogna smontarlo contrapponendovi valori superiori. Il buon venditore, potrebbe rispondere: "Sei sicuro che il valore denaro valga di più della tua sicurezza e serenità? Del fatto che potresti comunicare in maniera migliore? Che potresti avere rapporti d'amore o relazioni più appaganti e soddisfacenti? Per te è più importante il denaro piuttosto che altri valori tanto fondamentali?".

Spesso, il valore principale che c'è dietro l'obiezione è il denaro, quindi la tua capacità sta nel contrapporvi efficacemente i benefici immediati e futuri che il prodotto potrebbe offrire e che, come valore, superano di gran lunga il prezzo. Se hai fatto un buon lavoro nella parte "motivare" del tuo sito o blog allora stai tranquillo. Puoi gestire questo sleight of mouth in vari modi, dipende dalle obiezioni che i clienti ti fanno più spesso.

Ultimo sleight of mouth è il **controesempio**, quindi: "Lo so che sei scettico nei confronti della formazione, ed è anche vero che *tante altre persone* erano scettiche all'inizio, poi si sono iscritte ai corsi e sono rimaste soddisfatte. Ho anche un amico che era scettico esattamente come te, poi si è iscritto al corso ed è, ad oggi, uno dei nostri migliori clienti. Io stesso ero scettico...", e così via. I controesempi sono molto efficaci, anche perché sfruttano il principio di riprova sociale di cui parleremo tra poco.

In fondo, in un sito web, trovi racconti veri e propri di persone che avevano gli stessi dubbi e poi li hanno sciolti, ce ne sono anche sul mio. Io racconto la storia di un mio amico, colui che, involontariamente, mi ha fatto conoscere la PNL grazie a un testo di Anthony Robbins, da lui acquistato diversi anni prima e abbandonato nella stanza da bagno. Lo vidi per caso, lo aprii e rimasi affascinato dal contenuto, tanto che lo lessi d'un fiato. Da quel giorno, di non molti anni fa, la mia vita è del tutto diversa. Il mio amico mi ha visto cambiare di giorno in giorno, di mese in mese, fare moltissime cose, mentre lui, legittimo proprietario del libro, rimaneva fermo dov'era. Nel mio sito commento questa storia dicendo: "Non fare come il mio amico, che è ancora lì a pentirsi di non aver fatto il primo passo".

SEGRETO n. 36: gestisci le obiezioni con gli 'sleight of mouth': ristrutturazione, intenzione positiva, autoriferimento, conseguenza, altro risultato, gerarchia di valori, controesempio.

In più la Bruno Editore ti garantisce in tutto e per tutto, se decidi di acquistare e poi non sei soddisfatto, puoi avvalerti della garanzia. Non c'è motivo di non comprare sul nostro sito, è impossibile non comprare e i risultati lo dimostrano: abbiamo decuplicato le vendite in poco tempo, non c'è motivo di aver paura perché si è tutelati in tutto e per tutto. In più garantiamo assistenza online. Se ti serve una qualsiasi delucidazione sui nostri prodotti, ti garantiamo una risposta entro 24 ore. In realtà, se nel momento in cui ci arriva la domanda siamo al computer, rispondiamo entro 10 minuti e il cliente è colpito ancor più favorevolmente. Ad esempio, ultimamente ho acquistato una chiavetta usb con decoder digitale terrestre inserito, è sufficiente attaccarla alla porta usb e all'antenna per vedere la tv sul computer. Ho provato a installare il software e non funzionava, ho pensato: "Ecco lì che sono incappato in un imbroglio", tra l'altro, la marca non era tra le più famose. Ho provato a cercare il sito di questa azienda su internet, l'ho trovato ed ho mandato una email chiedendo assistenza. Mi hanno risposto dopo non più di cinque minuti dicendomi: "Sì, siamo a conoscenza di questi problemi su alcuni software più vecchi, scarichi da questo link il software nuovo e vedrà che funzionerà tutto alla perfezione". Scaricato, dieci minuti, installato e funzionava. Gli ho mandato una email per ringraziarli, perché se lo meritano e, vendendo anch'io via web, so che questo significa grande professionalità.

L'assistenza è importantissima, noi la garantiamo e garantiscila anche tu, perché ci deve essere qualcuno che ti aiuta, che ti risolve i problemi. Jay Abraham racconta di aver sentito due persone parlare fra loro, l'una affermava: "È meglio l'azienda A che ti garantisce che non ci saranno problemi", l'altra replicava: "No, meglio l'azienda B che, in caso di problemi, ti garantisce assistenza". Secondo Abraham ha senz'altro ragione la seconda persona, perché problemi se ne possono sempre presentare ed è importante sapere che l'azienda venditrice, in quel caso, non ti abbandona.

Per cui offri assistenza post vendita se vuoi che i tuoi clienti ritornino e siano soddisfatti. Mi è capitato che un cliente, forse per problemi col carrello elettronico d'acquisto, abbia comprato il biglietto del corso in aula pensando di stare acquistando, in realtà, il videocorso. Io dico che difficilmente ci si può sbagliare, perché il sistema ti chiede diverse conferme prima di procedere a un acquisto piuttosto che a un altro, comunque non me la prendo e rispondo: "Mi scusi, ha ragione, non c'è problema, ci teniamo che lei sia soddisfatto, quindi, non appena pronto, le invieremo, senza sovrapprezzo, il videocorso. Non si preoccupi di nulla, la spedizione è a nostro carico". Il cliente non può che rispondere "grazie", e la cosa si risolve più che bonariamente. Pazienza se ci rimetto una spedizione, intanto ho mantenuto il cliente e ho dimostrato la nostra professionalità.

Quindi, se hai motivato, informato, rassicurato, dato garanzie, assistenza ed hai anticipato tutte le obiezioni possibili, il cliente non ha veramente più scuse per non comprare. A questo punto, puoi procedere di nuovo con l'**invito all'azione**, sempre che il primo non abbia già funzionato. Quindi, a quelle persone che hanno bisogno di tutte le rassicurazioni possibili, noi diamo garanzie ulteriori e un secondo invito all'azione che sfrutta dei nuovi principi di persuasione, sempre ideati da Robert Cialdini, nel suo testo "Le armi della persuasione": si tratta dei principi di **autorità**, **riprova sociale** e **reciprocità**.

Il principio di **autorità**, sfrutta il meccanismo psicologico secondo il quale se un dato ci arriva da qualcuno che consideriamo un'autorità in un dato campo, lo riteniamo vero. Se un medico ci consiglia di seguire una cura, lo facciamo senza discutere, se un professore universitario spiega dei concetti, non mettiamo assolutamente in dubbio che sia nel giusto. Addirittura, a livello di immagini mentali, le persone considerate autorevoli le percepiamo più alte, più voluminose di quanto in realtà non siano: il ruolo che in quel momento ricoprono, conferisce loro autorità.

Ad ogni modo, l'autorità è qualcosa che attribuisci loro a livello di percezione mentale, perché, in fin dei conti, si tratta di persone esattamente come te. Ai miei corsi viene spesso un medico, che è molto simpatico e socievole. Ci diamo del tu, pacca sulla spalla, siamo molto amici e lo siamo diventati qui durante i corsi. Lo tratto come fosse il mio migliore amico, ma lui ha cinquant'anni, molti anni di esperienza come medico, insegna anche all'università e sono sicuro che, se lo vedessi mentre fa lezione, ne subirei l'autorità. Come infatti mi ha raccontato che accade con i suoi studenti, che dicono di trovarlo molto serio. Per me è un mattacchione, perché lo vedo in un contesto differente in cui non percepisco la sua autorità.

Una mia amica, venuta a uno dei miei primi corsi, è rimasta talmente scioccata dal vedermi in aula a insegnare che, alla fine della giornata, insisteva per darmi del "lei". È incredibile, ma succede anche questo. Un altro mio allievo, mi ha detto: "Tu devi essere alto almeno 1.85", eppure non lo sono, mi percepiva così a causa dell'autorità che, in quel momento, per lui rappresentavo.

Sul sito della Bruno Editore, prima del pulsante "ordina ora", vi è una folta rassegna stampa con tutte le interviste rilasciate e le apparizioni televisive da me fatte. Ho avuto, infatti, la fortuna e l'onore di essere stato in televisione, Canale 5, Rai e Sky, in radio e su tanti siti internet con interviste, foto e articoli sui miei corsi.

Il principio di autorità funziona nel momento in cui un cliente vede la rassegna stampa, perché se un'autorità come i media parlano di Giacomo Bruno, vuol dire che è un professionista di un certo livello. Infatti non tutti vanno in televisione, su Canale 5 o Rai, né vengono intervistati per radio o hanno articoli su vari siti, e questa è un'ulteriore dimostrazione che effettivamente i prodotti funzionano e danno risultati.

A seguire, ho inserito alcune delle migliaia di testimonianze dei nostri clienti, i quali dicono di quanto si siano trovati bene con noi e quanti benefici abbiano tratto dai nostri corsi, con nome, cognome e professione. Questo rientra nel principio di **riprova sociale**: il cliente, nel momento in cui vede le testimonianze di altri utenti, si rende conto che se tante persone hanno provato e sono rimaste soddisfatte, vuol dire che il prodotto è davvero valido.

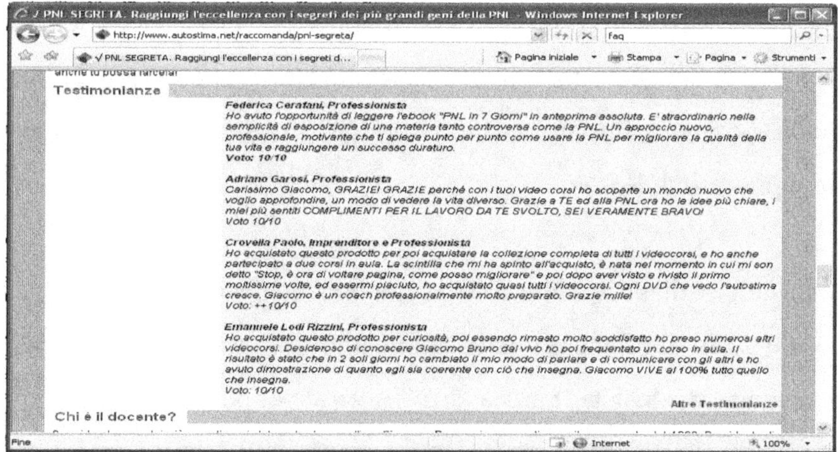

Quindi ti consiglio di inserirle anche sul tuo sito. L'effetto della riprova sociale si ha quando tutti fanno una certa cosa, quindi ti senti quasi in obbligo di farla anche tu. Se tante persone hanno una buona opinione di un tuo prodotto, o di più d'uno tra i tuoi prodotti e parlano bene di ciò che fai, altre persone penseranno che al 90% ci si può fidare. È un po' lo stesso principio della recensione sul blog: se fai una buona recensione, l'utente è più aperto all'idea di acquistare quel prodotto.

Di fronte alla celebre pubblicità che dice "Nove dentisti su dieci scelgono Mentadent", che questa statistica sia vera o meno, in qualche modo tu rimani colpito. Se il dentista è un'autorità (principio di autorità) e nove su dieci (riprova sociale) scelgono questo dentifricio, vuol dire che è buono davvero. I pubblicitari conoscono queste strategie a memoria. Dopo aver letto questa guida, potrai anche lavorare in pubblicità perché, probabilmente, ne saprai più di loro.

Il principio di **reciprocità** si ha quando qualcuno ti regala una cosa e spera di ottenere qualcosa in cambio. Come il ragazzo che, al semaforo, insiste per lavarti il vetro e poi te lo lava di prepotenza pensando che riuscirà ad ottenere i suoi 50 centesimi. Tanto tempo fa, quando ancora non conoscevo questi meccanismi, ero in una pizzeria a taglio e il proprietario mi propose un test: "Ti do un assaggio di questa che è buonissima, provala", non mi convinceva, era una pizza molto elaborata, tuttavia ho deciso ugualmente di provare. Alla fine l'ho comperata, anche spinto dal principio di reciprocità: ormai l'avevo assaggiata, dovevo prendere quella, sarebbe stato "sgarbato" rivelare che non mi faceva impazzire. Costava ovviamente più di tutte, perché molto pesante, quindi lui è riuscito, attraverso quella strategia, a fare la sua piccola vendita utilizzando questo principio di persuasione.

Su internet, il principio di reciprocità può essere integrato offrendo ad esempio consulenza gratuita: "Se, nonostante tutto, hai ancora dei dubbi e vuoi essere sicuro che questo sia il prodotto giusto per te, scrivimi, ti risponderò entro 24 ore, garantito", e do consulenza gratis. Se hai dei dubbi, vuoi chiedere qualcosa, hai bisogno di un approfondimento mi trovi pronto a fornirtelo. Nella maggior parte dei casi, le persone che scrivono, poi comprano. Primo perché do loro una quantità di suggestioni buone, secondo perché spiego loro ciò che possono trovare nel video e magari poi scoprono che è interessante. È chiaro che alla spiegazione do il taglio più confacente al tipo di cliente con il quale sto parlando. Terzo, per il principio di reciprocità, io faccio una cosa per te e tu ne fai una per me.

SEGRETO n. 37: richiama l'invito all'azione utilizzando le altre 3 armi della persuasione: autorità, riprova sociale e reciprocità.

Per esempio, qual è il segreto per cui abbiamo **200.000 iscritti alla newsletter?** Posso dire che 200.000 è un numero veramente grande: i quotidiani più famosi hanno vendite effettive molto inferiori. Quindi 200.000 email inviate ogni volta sono un bel numero. Ho semplicemente offerto lezioni e manuali gratuiti: in cambio della email, ti offro prodotti gratis. Si tratta di manuali professionali, ben strutturati su comunicazione, autostima, seduzione e altro.

È uno scambio, si tratta di reciprocità, io do una cosa a te, tu dai una cosa a me. Poi ci sono anche lezioni gratuite che hanno contribuito in maniera fortissima alla crescita del sito. Si tratta delle guide all'autostima, alla comunicazione, alla PNL, al lavoro, alla ricchezza... tutto assolutamente gratuito. Poi, se vuoi approfondire, acquisti il videocorso o vieni al corso in aula.

È qualcosa di speciale, perché la maggior parte dei siti non offre nulla del genere. Noi della Bruno Editore vogliamo creare, da parte nostra, un qualcosa che funzioni e generi passaparola, e quindi abbiamo creato materiale gratuito. Così le persone vengono per il materiale gratuito, ne parlano agli amici e si iscrivono alla newsletter.

Con questo metodo, alla fine riesci ad avere 200.000 iscritti alla tua newsletter e hai la possibilità di pubblicizzare loro ogni tuo nuovo prodotto. Scrivi una bella email con la quale informi: "È uscito il nuovo videocorso sulla ricchezza e c'è questo beneficio, questo sconto, questa offerta in scadenza, clicca qui per continuare...", cliccano, vanno sul sito e poi lo comprano. Certo, non acquisteranno in 200.000, gli acquirenti saranno una piccola percentuale, ma va lo stesso benissimo.

Spesso ho parlato, durante i miei corsi, e ne ho anche accennato nelle prime pagine della guida, del primo sito da me costruito. Si trattava di un sito di videogiochi che distribuiva soluzioni, chiavi d'accesso e altro, tutto gratuitamente. L'ho tenuto per qualche tempo con un certo successo, a un certo punto, nel lontano maggio 2001, ho deciso di chiuderne l'accesso ai non iscritti. Cliccandovi si visionava solo una pagina nera con al centro un box che permetteva di accedere ai servizi fornendo la propria email. Molti hanno rinunciato, ma altrettanti hanno inserito il proprio indirizzo di posta elettronica permettendomi, così, di creare una newsletter cui inviare i miei messaggi. È una strategia che funziona e, all'epoca, ha segnato una vera svolta nel settore.

Oggi i siti di "Membership", cioè riservati solo ai membri, sono migliaia e ancora funzionano abbastanza bene. A patto che tu inserisca materiale gratuito e fatto con passione. Bruno Editore nasce proprio come passione: io, folgorato dai libri di Anthony Robbins, ho pensato che quelle informazioni fossero talmente forti, talmente sconvolgenti da doverle rendere note a tutti. In una sola giornata ho messo su un sito, passando moltissimo tempo a scrivere le lezioni gratuite che trovi ancora oggi, da allora ne ho aggiunte decine e decine.

Ho creato il sito con passione e, evidentemente, la stessa passione l'ho poi trasmessa agli utenti che ne hanno parlato ad altri utenti. L'ho trasmessa poi ai giornali, ai canali televisivi, perché le cose funzionano se ci metti passione. Quindi, se hai un prodotto che non ti piace, non ti convince, nel quale tu stesso non credi, fermati un attimo prima di lanciarlo attraverso un sito web, analizza le tue convinzioni sul prodotto, analizza il tuo prodotto e cerca di fare di meglio. Solo quando avrai raggiunto tutto questo, potrai chiedere all'utente di comprare e poi garantirgli un buon servizio post vendita, quindi l'assistenza, la garanzia 100% soddisfatto e così via.

ESERCIZIO - Bene, ora faremo un esercizio che sintetizza tutto quanto hai letto fino ad ora. Ripercorriamo le fasi: la prima è motivare, la seconda informare e la terza rassicurare. Devi buttare giù una bozza di sito che segua esattamente lo schema che hai imparato leggendo questa guida.

Quindi inizierai con un bel titolo, un bello slogan, magari una bella domanda rievocativa. Scegli il prodotto che vuoi, ad esempio una vacanza in crociera: "Hai presente quando sei sdraiato al sole, su una nave e senti il rumore del mare? E così...", chiaro? Uno slogan, poi tutti i benefici, punto per punto. L'usabilità vuole che tu crei un testo facilmente leggibile e da scorrere agevolmente con gli occhi. Utilizzare gli elenchi puntati è un buon metodo, mentre è bene evitare paragrafi lunghi e noiosi, difficili da leggere.

Metti le parole più importanti in grassetto. Queste regole di usabilità classiche le trovi anche sui libri, quindi non mi soffermo più di tanto su di esse, l'importante è rendere leggibile una pagina web, cioè non fare una pagina tutta scritta senza evidenziare nulla, senza punti: se vai su brunoeditore.it vedrai che i benefici sono un elenco.

Quindi scrivi uno slogan, benefici, una serie di informazioni su quello che stai vendendo e poi un invito all'azione, qualche rassicurazione o testimonianze e garanzia, e ancora invito all'azione. Segui questo schema:

SLOGAN

____

____

____

____

BENEFICI

• ____

• ____

• ____

• ____

• ____

• ____

- _______________________________________
- _______________________________________
- _______________________________________

CARATTERISTICHE/INFORMAZIONI:

____

____

____

____

____

____

GARANZIE:

____

____

____

TESTIMONIANZE:

____

____

____

____

____

OFFERTA DEL GIORNO:

____

____

____

____

10 MOTIVI PER COMPRARE:

1. _______________________________________

2. _______________________________________

3. _______________________________________

4. _______________________________________

5. _______________________________________

6. _______________________________________

7. _______________________________________

8. _______________________________________

9. _______________________________________

10. ______________________________________

Questo esercizio è molto utile perché ti aiuta a chiarirti bene le idee sul tuo prodotto, sul tuo sito e sui vari passaggi mentali che portano un cliente ad acquistare un prodotto. È un esercizio che ho fatto spesso anche in aula per la creazione di brochure pubblicitarie, utilizzando lo stesso schema. Ti riporto qui la trascrizione da uno dei miei corsi, così da portarti altri esempi:

****

GIACOMO: Allora ragazzi, vi ho diviso in 4 gruppi per creare una brochure pubblicitaria secondo lo schema insegnato finora. Adesso vi aspetta la gara, per cui una persona di ciascun gruppo dovrà venire qui e leggere la sua brochure, così possiamo valutare se è scritta in modo tale da spingerci a comprare o meno il prodotto che ci sta proponendo. Partiamo con la squadra 1:

SQUADRA 1: Noi abbiamo scelto di sponsorizzare un prodotto farmaceutico inventato: "Finalmente in pochi minuti puoi godere nuovamente del tuo benessere mentale, sai, godere... Nuova Aulin è pienamente in linea con il tuo organismo, è velocissima, l'unica che ti fa star bene in cinque minuti, inoltre c'è la nuova confezione da 30 bustine. Hai sempre il benessere in tasca. Fai passare il tuo mal di testa. Ora. Puoi prendere la confezione da 30 che costerebbe 39 ma, sbarrato, costa 29 solo per altri 9 giorni. Affrettatevi. La disponibilità è limitata. Disponibili ancora 46 da 30 e 31 da 20. Approvato dall'Associazione farmacisti italici. Nove medici su dieci scelgono Nuova Aulin".

GIACOMO: Va bene, bravi. Niente male, è andata bene. Carina, strutturata bene, siete tutti d'accordo che la struttura c'era? Slogan, benefici, qualche caratteristica, primo invito all'azione, qualche ulteriore caratteristica, offerte, scadenze e così via. Il comando "Fai passare il tuo mal di testa. Ora", è carino. Va bene, bravi. Avanti la squadra 2.

SQUADRA 2: Allora, il prodotto è shiatzu a domicilio. "Shiatzu a casa tua. Dopo una giornata di lavoro, torni a casa sempre molto stanco. In questa situazione, come ti sentiresti se ad aspettarti ci fosse un professionista esperto che ti massaggia mentre guardi la tv? Non chiamarci subito, prendi il tempo che vuoi, rilassati. Disponibilità immediata, 24 ore dalla prenotazione. Ora puoi. Chiama il numero verde per maggiori informazioni sulle tecniche di massaggio e sui costi, possibilità di trattamenti personalizzati. Garanzia soddisfatti o rimborsati. Il nostro personale è certificato Cee e dal Ministero della Salute. Fai come fanno tutti, chiama ora, e domani sei soddisfatto perché oggi avrai alzato la cornetta e per chi chiama entro il primo del mese, in omaggio un set di oli per il benessere!".

GIACOMO: Molto bene! Per ora chi preferite? Beccarvi una bustina di Aulin o un massaggio shiatsu a casa? Però questa osservazione è "cattivella" perché è sul prodotto, invece noi guardiamo solo alla forma. Una forma buona, ottimo slogan, la struttura è quella giusta quindi siete stati precisi anche voi. Avanti la squadra 3.

SQUADRA 3: Il nostro è uno studio di progettazione. "Vuoi realizzare la casa dei tuoi sogni? Lo studio Alba è qui per questo. La nostra mission è orientata alla realizzazione della casa ideale per te, con le caratteristiche che hai sempre desiderato, solida, duttile, funzionale e accogliente. Siamo fortemente orientati al cliente, garantiamo un elevato target di progettazione, standard costruttivi, rispetto dei tempi di consegna e prima consulenza gratuita. Siamo ricercatori presso il Politecnico di Torino, dipartimento di ingegneria strutturale, nonché autori di testi per la casa editrice Maggiolino. Chiama subito. Il numero verde 800xxxxxx, è a tua disposizione."

GIACOMO: Va bene, grazie. Hanno seguito la struttura? Insomma, un po' meno rispetto gli altri. Sembrava un paragrafo di quelli un po' noiosi. Tra l'altro orientati a voi stessi: "Noi siamo i leader, noi siamo questo e questo, abbiamo fatto questo...", e l'utente dice: "E chi se ne importa!". Va bene perché alcune cose le avete messe in relazione al cliente, come ad esempio quando dite: siamo questo e, quindi, ci occupiamo con capacità della tua solidità, della tua casa e così via. Però era un po' troppo orientato a voi stessi. Vedete che c'è sempre il rischio di farsi incastrare dal proprio ego e dire: "Io ho fatto questo, questo e quest'altro", invece sempre al 100% orientati al cliente, perché il cliente che legge il sito, la brochure dice: "Sì, siete bravi, quindi? Quali vantaggi ho da questo?". Ricordate, ancor più orientati al cliente. Avanti la squadra 4.

SQUADRA 4: Noi sponsorizziamo un libro che si intitola "Finalmente la famiglia felice": "Vuoi essere un genitore felice e avere un figlio felice? Ti è mai capitato di impazzire per i capricci di tuo figlio? Cosa spinge tuo figlio a fare i capricci? E tu come ti senti? Ora puoi essere un genitore ideale. Questo libro si rivolge a te che vuoi provare le tante belle emozioni che ti stai perdendo, è per tutti quei genitori che vogliono prendere coscienza di un nuovo modo di comunicare. Di evitare inutili conflitti, contribuire alle giuste convinzioni, aiutare tuo figlio a crescere con più fiducia in se stesso e a vivere serenamente il rapporto con gli altri. Testato sui difetti degli adulti, siamo sicuri che funzionerà anche sul tuo bambino. Potrai accedere a un numero verde per qualsiasi delucidazione e, se il prodotto non ti convince, potrai restituirlo e riavere quanto speso. Oggi puoi decidere di crescere il tuo piccolo uomo o la tua piccola donna nel modo migliore, cosa stai aspettando? Contattaci!".

GIACOMO: Benissimo! Cosa vi ha colpito? Parlatemene. La struttura, il linguaggio, le evocazioni molto forti a livello emozionale?

PUBBLICO: Sì, tutto questo, poi è anche l'argomento che aiuta a rievocare.

GIACOMO: Sì, effettivamente con l'Aulin era più difficile. Devo dire che quest'ultima brochure da un punto di vista rievocativo è molto forte; ha colpito l'attenzione di tutti da subito. Ricordate che, infatti, la cosa più importante è lo slogan, la prima frase che salta agli occhi dell'utente e che quindi farà in modo che continui a leggere. Se la prima è: "Noi siamo i migliori", l'utente va da un'altra parte. Se invece è "Vuoi essere un genitore felice e avere un figlio felice?" allora le persone si interessano e continuano a leggere quello che hai da dire.

Allora decretiamo questo vincitore? Voterete voi, chi vota per l'Aulin? Chi vota per lo shiatsu? Chi vota per studio Alba? Nessuno, neanche loro stessi. Chi vota per il libro "Finalmente la famiglia felice"? Tutti, un grande applauso, ha vinto la squadra 4!

****

RIEPILOGO DEL GIORNO 5:

- SEGRETO n. 29: rassicurare il cliente prima dell'acquisto significa non perdere il 30% delle vendite.

- SEGRETO n. 30: è il venditore che deve assumersi ogni rischio legato all'acquisto in modo da toglierlo al cliente.

- SEGRETO n. 31: offri ai tuoi clienti la garanzia 100% soddisfatto anche sui prodotti per i quali non vale il diritto di recesso.

- SEGRETO n. 32: offri ai tuoi clienti servizi di spedizione sicuri, veloci e garantiti.

- SEGRETO n. 33: offri ai tuoi clienti un numero verde gratuito dove poterti contattare per l'assistenza.

- SEGRETO n. 34: inserisci i tuoi dati e i tuoi recapiti bene in vista su tutte le pagine del tuo sito o blog.

- SEGRETO n. 35: chiediti quali siano le obiezioni più comuni sul tuo prodotto e anticipale con le domande frequenti (faq).

- SEGRETO n. 36: gestisci le obiezioni con gli 'sleight of mouth': ristrutturazione, intenzione positiva, autoriferimento, conseguenza, altro risultato, gerarchia di valori, controesempio.

- SEGRETO n. 37: richiama l'invito all'azione utilizzando le altre 3 armi della persuasione: autorità, riprova sociale e reciprocità.

GIORNO 6: STRATEGIE DI PREZZO

La struttura del tuo blog o del tuo minisito è certamente la parte cui devi prestare maggiore attenzione, sicuramente il pilastro per trasformare semplici visitatori in clienti pronti all'acquisto. Ricordi le formule che abbiamo visto all'inizio? Ora lavoriamo sui prezzi e le offerte dei prodotti.

VISITATORI	CLIENTI	**PRODOTTI**	RITORNO	TOTALE
10.000	x 1%	x 100€	x 1	= 10.000€

VISITATORI	CLIENTI	**PRODOTTI**	RITORNO	TOTALE
10.000	x 1,5%	x 150€	x 1,5	= 33.750€

Un sito ben fatto e ottimizzato, ti serve per portare la percentuale di conversione da 1% a 1,5%. Stai sicuro, ci riuscirai senza problemi, anzi ti dirò che se segui alla lettera tutte le indicazioni, le percentuali saranno molto più alte.

Ovviamente, devi avere un ottimo **prodotto** da vendere, perché puoi anche avere il sito migliore del mondo, ma se non vendi prodotti di qualità, non è facile far spendere dei soldi a una persona. E non è neanche etico. Se invece hai trovato un buon prodotto, che sia tuo o che rivendi in base a un programma di affiliazione, devi imparare le prossime strategie per sapere come aumentare le tue vendite e il prezzo medio di ciascuna vendita.

Quanto una persona è disposta a spendere sul tuo sito? Quali e quanti prodotti è disposta a comprare? Puoi aumentare la spesa media dei tuoi clienti offrendo loro qualcosa di aggiuntivo e attinente al prodotto oggetto dell'annuncio o prodotti ad esso correlati?

Come ti ho detto prima, è assolutamente sbagliato uno dei principi di base del marketing che consiglia, come strategia per vendere di più, di abbassare il prezzo. Infatti può essere molto controproducente, a maggior ragione in considerazione della nostra formula. Se abbassi il prezzo, forse avrai più vendite, ma il guadagno totale sarà inferiore. Nella mia idea di marketing, la cosa più giusta da fare è, invece, aumentarlo. Nella psicologia delle persone, prezzo è uguale a valore. Quindi se una cosa costa poco, vale poco. Se decidi di partecipare a un corso su come fare soldi online e lo paghi 50 euro, dirai: "Mah, sarà la solita banalità", se lo paghi molto di più, gli dai molto più valore, e stai molto più attento, quindi apprendi molto di più ed ottieni maggiori risultati. Alla fine ti trovi a dire: "Vedi? Li valeva tutti".

Lo so che è così, perché singole cose che ti ho insegnato durante la lettura di questa guida, ne valevano la spesa. La capacità di motivare con i benefici e come creare fiducia con le rassicurazioni, sono concetti di grandissimo valore, che ti possono far risparmiare moltissimi soldi e farti guadagnare centinaia di migliaia di euro in investimenti e prodotti. Valgono molto più del prezzo della guida.

La questione, quindi, sta nel non pensare di vincere la concorrenza di altri siti web, guadagnare traffico o fare soldi abbassando il prezzo o, addirittura, offrendo solo articoli gratis. Se una cosa è gratis, il valore è uguale a zero. Hai visto che nel sito di Bruno Editore ci sono degli ebook in omaggio per ogni acquisto? Quando qualcuno acquista un prodotto, ha un ebook in omaggio. Eppure, strano a dirsi, la maggior parte delle persone non ce li richiede. Non si rendono conto che quegli ebook singolarmente hanno un prezzo. Cioè se vanno a comprare l'ebook perché sono interessati, lo pagano, però se lo possono avere in omaggio, non lo chiedono!

Mi è capitato, specie nei primi tempi, quando ho iniziato la mia carriera di formatore, di invitare gratis ai miei corsi delle persone che poi non venivano. E non parlo di persone non interessate, in quel caso si potrebbe capire. Una volta un mio allievo ha seguito l'intero pacchetto dei corsi, ovvero il "Formazione formatori", composto di nove weekend quindi, in totale, 18 giornate di formazione, un percorso di mesi.

In seguito, ho tenuto corsi di una singola giornata su tematiche nuove e ho invitato questa persona, ricevendo la seguente risposta: "Mah, non so se riesco ad organizzarmi, in quel weekend sono impegnato...", ed io: "Come? Scusa, hai speso migliaia di euro per seguire un percorso lunghissimo in cui credi, poi ti invito gratis a un corso e non vieni?!". Trovai questo atteggiamento assurdo, però, a ben pensare, mi resi conto che era una meccanica alla quale neanche io mi sottraevo. Devi sapere che non pago i corsi che seguo perché vengo invitato dai miei colleghi, cosa che spesso faccio anch'io. Ebbene, mi sono reso conto che il modo di porsi che si ha quando si paga è diverso da quello che si ha quando si è stati invitati. Se paghi, vai al corso pensando di non poterti perdere neanche un minuto della spiegazione. Sai anche che tutte le informazioni che ti offrono valgono tantissimo, e io, infatti, ho cura di memorizzarle bene, perché questo è il mio lavoro, e fa parte della mia mentalità tentare di trattenere tutto ciò che di buono ricevo come input esterni. Però, in genere, il gratis o l'economico non funziona.

Puoi pensare di abbassare il prezzo, anche di molto, ma non funzionerebbe. Piuttosto ti conviene lavorare sul valore, sulla qualità del tuo prodotto. Sul trovare quella mucca viola, quella nicchia così speciale che vale perché sei l'unico ad aver pensato di crearla. Se hai un problema per il quale l'unica soluzione consiste nell'abbassare il prezzo, vuol dire che il prodotto è sbagliato o che c'è troppa concorrenza e, quindi, non vale la pena.

Paul McKenna, altro grande esperto di Programmazione Neuro-Linguistica, un guru in Inghilterra, dice che la cosa migliore che si possa fare, specie nelle consulenze e nei coaching, è aumentare il prezzo, raddoppiarlo. Probabilmente perderai la quota di clientela che non si può permettere una spesa maggiore, ma riuscirai a mantenere la quota di persone che hanno possibilità finanziarie più elevate e quindi maggiormente disposte a spendere per altri prodotti. In più, quelle stesse persone cominceranno a guardarti in maniera diversa, con maggiore rispetto. Il concetto è il seguente: faticherai la metà per guadagnare la stessa cifra e in più le persone ti assegneranno un valore diverso e maggiore.

SEGRETO n. 38: se vuoi guadagnare online, devi creare prodotti o servizi di alto valore e venderli a un prezzo altrettanto alto.

Tutto questo purché il prodotto valga, purché tu come consulente valga. Di conseguenza, devi offrire molto. Io dico sempre di offrire almeno il doppio di quanto una persona ha pagato. Se io vendo un corso a 500 euro, spero di trasmettere informazioni per un valore pari almeno a 1.000 euro. Per me, la guida che stai leggendo ne vale 10.000, però non posso chiedere una cifra del genere perché non l'acquisterebbe nessuno. Sarebbe interessante far firmare ai miei corsisti un contratto in base al quale si fa a metà su tutti i guadagni futuri conseguiti tramite l'uso delle strategie apprese. Però non mi interessa. Se una persona, utilizzandole, avrà successo, va benissimo, perché le sto insegnando apposta, voglio che accada. Potrà solo parlare bene di me.

La questione è che bisogna offrire prodotti di qualità che abbiano un elevato valore, quindi non abbassare ma aumentare il prezzo. Un mio allievo ha scritto un ebook di 20 pagine su come si usa il PC, vendendolo a 20 euro. Troppo rispetto allo scarso valore dell'ebook. Il motivo del fallimento non era nel prezzo troppo basso o alto che fosse, e la riprova l'ho avuta nel risentirlo poco tempo fa. Mi ha confessato di aver tentato di abbassare il prezzo da 20 a 9 euro, ma di non essere ugualmente riuscito a venderlo: era chiaramente il prodotto che non andava. Quand'è così puoi anche tentare di vendere a un euro, ma se non vale le persone non lo comprano lo stesso perché sanno di poter trovare online guide gratuite sullo stesso argomento. Al contrario, come ti dicevo, per un prodotto di nicchia puoi chiedere qualsiasi prezzo. Inoltre, potrai alzare la spesa media aggiungendo prodotti correlati di altrettanto valore e qualità.

Prima di spiegarti come aumentare il prezzo della spesa media generata dal tuo sito, devo spiegarti **come incassare soldi** con il tuo sito. Lo strumento numero uno al mondo si chiama PayPal.

PayPal è stato comprato dal gruppo Ebay, il sito di aste più famoso del mondo che genera un fatturato infinito. Rispetto alle bolle di internet del 2000, quando tutte le società che praticavano e-commerce valevano molto, solamente i migliori sono sopravvissuti, gli altri sono falliti o sono stati acquisiti dai più forti. Quindi, come Google è il numero uno dei motori di ricerca al mondo, Ebay è il numero uno delle aste online al mondo, non ci sono vie di mezzo. Se non sei il numero uno, prima o poi scompari o vieni inglobato.

PayPal è il numero uno nel campo dei pagamenti online con carta di credito, con oltre cento milioni di persone nel mondo a utilizzarlo. Il funzionamento è molto semplice:
- il cliente visita il sito
- decide di acquistare e clicca sul pulsante "ordina ora"
- gli si apre il sito di PayPal
- inserisce i dati della carta di credito e il pagamento è fatto

Se vuole, il cliente ha anche la possibilità di registrarsi un account, in modo da non dover digitare ogni volta tutti i suoi dati da capo. È interessante questa funzionalità, non è solo la classica banca dove inserisci i dati per poter pagare. Qui ti viene attribuito uno username ed una password e, mentre tu digiti gli estremi della tua carta di credito, ultraprotetta e sicura al 100%, il sistema li memorizza. A questo punto, quando vorrai fare acquisti su altri siti che utilizzano PayPal come sistema di pagamento, non devi far altro che inserire il tuo nome di account e la tua password: non tocchi più la carta di credito, i cui dati sono già in memoria e il pagamento va a buon fine.

SEGRETO n. 39: se vendi un tuo prodotto, PayPal è il mezzo più veloce, sicuro ed economico per riscuotere i pagamenti con carta di credito.

La questione importante, è la totale sicurezza della transazione: il cliente, infatti, non fornisce i dati della sua carta di credito al sito web, ma solo a PayPal, che funziona come fosse una banca intermediaria. Questo permette di non dover cedere mai i dati della carta di credito ad altri siti, eliminando il rischio legato ai pagamenti online. Usare PayPal sul tuo sito, significa evitare ogni rischio ulteriore e, quindi, rassicurare una volta di più il cliente.

Ti posso assicurare che funziona molto bene, è un ottimo intermediario e, infatti, cento milioni di persone gli hanno dato il numero della carta di credito e lo usano come tramite per pagare, così come molti siti, tra cui noi, usano questo sistema per ricevere pagamenti. Le commissioni sono basse e non ha costi di accensione del servizio. Se ti rivolgi a una qualsiasi banca italiana come ad esempio Banca Sella, Unicredit e così via, ti chiedono una cifra più o meno alta per l'attivazione, ti chiedono un canone mensile fisso per il mantenimento della funzionalità, e il 4% di commissione sul pagamento, quindi va via una grande quantità di soldi. Al contrario PayPal è gratuito da attivare, non ha alcun costo mensile, non ha minimi e massimi, ti chiede meno del 3% di commissione. Perché non usarlo? È il più conosciuto al mondo ed è sicuro al 100%, questo vuol dire che è più probabile che ti copino la carta al negozio sotto casa.

Vai su PayPal e crea un account, segui la procedura e sei a posto. In questo caso, stiamo parlando di creare un account per vendere, un account da commerciante, perché a te PayPal interessa per incassare soldi, non tanto per fare acquisti, anche se l'account può rimanere lo stesso per entrambi gli scopi. Per attivare la procedura vai sul sito di PayPal, clicca su "crea un account", inserisci la tua mail, i tuoi dati e così via. A questo punto, il sistema ti crea un pulsante che inserisci sul tuo sito per farti pagare. Quindi vai sulla funzionalità "pulsante paga adesso". Il sistema ti chiederà il nome del prodotto, il costo e se ci sono spese di spedizione. Dopo di che clicca su ok, e ti verrà comunicato direttamente il codice Html da copiare e incollare nel tuo sito. Tutto questo lo puoi fare pur non sapendo nulla di Html.

Sul tuo sito apparirà il pulsante con su scritto "clicca qui per pagare", con tutti i loghi delle varie carte di credito. Ai tuoi clienti, nel momento in cui cliccano, si apre una pagina nella quale inserire i dati della carta di credito. Facilissimo. Questi soldi vengono accantonati sul tuo conto virtuale in Pay Pal. In qualsiasi momento tu voglia, puoi entrare nel tuo account e trasferirli sul tuo conto corrente semplicemente cliccando sul pulsante "preleva". È sufficiente che tu fornisca al sistema le tue coordinate bancarie.

Il sistema è facile, veloce e molto comodo soprattutto perché ti permette di ottenere guadagni automatici. Qualcosa che sia indipendente dal tuo lavoro, che non debba essere creato ogni giorno. Per avere tutto questo, è sufficiente che tu lavori con serietà anche un solo giorno. Crea il sito o il blog, segui la struttura che ti ho indicato, creati l'account su PayPal e fatti un po' di pubblicità online. Se hai un blog, ti basta inserire un nuovo articolo perché compaia automaticamente sui motori di ricerca.

I clienti, ad esempio, vanno su Google, cercano PNL, individuano un sito che si intitola: "Impara la PNL in 7 giorni", cliccano, lo visualizzano e dicono: "Ah, che meraviglia!", lo trovano ben fatto, vengono motivati, informati, rassicurati, cliccano sul pulsante "ordina ora", pagano con carta di credito, si scaricano l'ebook in automatico, e i soldi arrivano sul tuo conto. E tu dove sei in tutto questo? Magari al mare a fare il bagno oppure stai dormendo. Tanto, come ripeto, è tutto automatico.

Ricordo quando abbiamo lanciato l'ebook "Fare Soldi Online in 7 Giorni", era il 12 settembre 2006. Avevamo pubblicizzato il prodotto tramite la nostra newsletter, avevamo informato la nostra clientela che il 12 settembre sarebbe uscito questo ebook, di non lasciarselo scappare, che solo i primi 100 acquirenti lo avrebbero pagato poche decine di euro. Ebbene, cosa è successo? Che la gente è andata nel panico, ci ha scritto, dal giorno dell'annuncio in poi: "Oddio, io il 12 settembre non potrò collegarmi, posso prenotarlo? Vi pago in anticipo", quindi abbiamo ricevuto decine di pagamenti in anticipo. Chi era iscritto alla newsletter riceveva il link qualche ora prima degli altri, la sera prima, alle 20 dell'11 settembre. Dalla sera alle 20 in poi, la newsletter è andata in automatico. Una volta tornati al lavoro, la mattina dopo, ci siamo accorti che erano stati comprati 300 e più ebook!

Non solo l'offerta era per i primi 100 e non siamo riusciti a stopparla perché è successo tutto durante la notte, ma è stato un momento di panico anche per noi perché poi, tra l'altro, dovevamo fare 300 fatture. Un bel panico devo dire, un problema di quelli belli, certo, però è stato divertente che sia successo tutto durante la notte, con dei picchi assurdi tra le 4 e le 5 di mattina. Mi sono detto: "Ma chi è che naviga su internet a quest'ora di notte? Forse qualcuno che torna dopo essere uscito la sera o che aspettava il link con trepidazione". Per me è stato interessante vedere come in qualsiasi momento il sito funzioni e produca rendita automatica. PayPal ti consente questo.

SEGRETO n. 40: automatizzare la ricezione dei pagamenti online tramite PayPal, ti consente di crearti rendite automatiche di denaro.

Mentre per un prodotto fisico da spedire, che sia un videocorso o altro, anche un paio di scarpe, si procede così: arriva l'ordine, magari in contrassegno, devi impacchettarlo, aspettare il corriere, spedirlo, aspettare che arrivi e sperare che la persona, al ricevimento, paghi. Può succedere di tutto: che il corriere non trovi nessuno in casa o che la persona rifiuti il pacco. I soldi li prende l'SDA e te li rimborsano dopo 15 giorni. È un po' più lungo e laborioso come procedimento e ci deve essere per forza una persona a seguirlo.

Al contrario, PayPal è eccezionale, per questo ha cento milioni di account. Funziona alla perfezione tanto per l'utente quanto per il venditore. È facile, veloce e ti permette di aprire il tuo account gratis. L'unica spesa consiste in quel 3% di commissione, ma lo corrispondi solo se vendi, quindi è proporzionale ai guadagni e va bene. Di fatto non tiri fuori neanche un euro e questa è la cosa più importante.

Nei business plan di chi fa l'imprenditore, la voce degli investimenti è sempre presente. Chi ha un'attività, è abituato a pensare quanto investire, quanto può costare un dato investimento. Se vai a vedere il ROI (ritorno sull'investimento) di una qualsiasi attività su internet, in genere tende ad infinito. Cioè mentre uno in Borsa si aspetta un guadagno del 10-20%, negli immobili il 30-40%, su internet è infinito perché tu metti 0 e puoi trarre migliaia di euro in vendite.

Percentuali altissime, addirittura infinite, questo è fantastico e puoi farlo dovunque tu sia nel mondo, non dimenticarlo. Se hai un prodotto virtuale, puoi andare tranquillamente in vacanza in America per settimane potendo continuare a lavorare, hai bisogno solo del tuo computer e di una connessione. Oggi è possibile connettersi persino in nave, è fantastico!

Tutto questo non solo per dimostrarti l'importanza e l'efficacia di PayPal, ma per farti capire come triplicare facilmente le tue entrate. Diciamo che sei interessato a un prodotto e io, mentre lo stai acquistando, ti offro la possibilità di acquistare anche un altro prodotto correlato, un altro servizio o un upgrade, ovvero un aggiornamento, un miglioramento di quello stesso prodotto o pacchetto. Questa tecnica si chiama **UpSell.**

Ti faccio qualche esempio classico. Prova ad andare sul sito della Porsche o della Mercedes. Vuoi acquistare la tua bella macchina nuova, e pensi: "Ah, la Mercedes, finalmente, tanti sacrifici e... potrei farmi mancare gli interni in pelle?", aggiungi 3.000 euro "E il navigatore satellitare con l'impianto Bose?", altri 3.000 euro. "Il tettino lo chiedo?", ancora 1.000 euro. "La vernice metallizzata?", no, grazie, vado sverniciato perché non ho più i soldi...assolutamente no! E aggiungi altri 1.800 euro.

È così o no? Ogni volta che ho comprato una macchina nuova ho notato che i venditori guadagnano molto di più sugli *optional* che non sulla macchina stessa. E questo accade perché i margini che loro hanno sulla macchina, non sono così alti come sugli optional, e il bravo venditore è lì che ti vende più optional che può e che valgono quel 20-30% in più.

La stessa cosa accade se ti vai a comprare un abito da 1.000 euro e poi il commesso ti dice: "Beh su un abito così bello deve mettere una cinta all'altezza. Provi questa da 150 euro. E questa bella camicia da 100 euro? E la cravatta da 120? Con un abito così deve avere una cravatta dello stesso livello. Bene, cravatta di Hermes", cosa fai? Vai lì e gli lasci 1.300 euro, quindi stiamo parlando del 30% in più.

SEGRETO n. 41: l'UpSell è una strategia di vendita molto efficace per aumentare il prezzo medio delle tue vendite.

Vistaprint.com è un sito famosissimo nel mondo perché regala prodotti: biglietti da visita, brochure, cartoline di Natale, calendari e altre cose. Ha creato un viral marketing smisurato, un passaparola eccezionale, campagne pubblicitarie enormi. Si guadagna su commissione, quindi solo se vendi, di fatto è un'affiliazione.

Peccato che non sia tutto oro quel che luccica, nel senso che, sì, ti regalano tutto ma poi, ad esempio, ti fanno pagare 20 euro le spese di spedizione, perché i prodotti arrivano dall'estero. Quindi per avere 200 biglietti da visita gratis, paghi comunque 20 euro di spese di spedizione, se vai da Buffetti sotto casa, con 20 euro hai lo stesso numero di biglietti da visita. Per cui, di fatto, si ripagano con le spedizioni, le tasse e varie cose.

Ricordo un'offerta di questo tipo: 500 brochure a 200 euro, cui poi andavano aggiunti 70 euro di spedizione e tasse, che facevano lievitare il prezzo a 270. Cifre sproporzionate rispetto al valore del prodotto. Il corriere più di tanto non costa, è assurdo chiedere certe cifre, però funziona. Hanno creato un'ottima forma di Upsell.

Inoltre c'è l'Upsell classico: tu compri 1.000 brochure a 300 euro. Clicchi su ok, pagamento avvenuto, e, quando stai per chiudere, il sistema ti chiede: "vuoi altre 500 brochure a 29 euro?", rispondi: "Certo, se ho pagato le prime 1.000 un totale di 300 euro, è chiaro che ne voglio altre 500 a 29 euro.", benissimo, però a te ne servivano solo 1.000 in realtà, altrimenti ne avresti ordinate 1.500 da subito.

E così ti hanno venduto una cosa in più che a loro costa poco perché ormai avevano la matrice di stampa, spendono soltanto per la carta, al costo di 29 euro aggiuntivi (+tasse +spese), quindi un 10% in più. Però immagina un 10% in più su un fatturato di milioni di euro, sono tanti soldi.

Come ti dicevo, questa strategia si chiama Upsell: aggiunta di prodotti, servizi, o upgrade durante l'acquisto. Dunque consiste nell'aggiungere quel qualcosa in più a un cliente che sta acquistando e che, quindi, si trova nello stato mentale più propizio: a quel punto, aggiungere qualcosa è molto facile. La maggior parte dei siti non lo fa, perdendo soldi, il 10, il 20 o il 30% che potrebbero avere in più.

Noi lo facciamo? Sì, tu compri l'ebook Fare Soldi Online in 7 Giorni, prima di arrivare al carrello c'è una schermata che dice: "Insieme a questo vuoi comprare anche l'ebook per fare soldi con

Ebay? O quello per fare soldi con Google?", quindi ti propone un altro prodotto simile. Ecco l'esempio per PNL:

Ti offro dei prodotti correlati a un prezzo molto conveniente, è una super offerta. Ti offro anche la collezione completa dei videocorsi a un prezzo straordinario per completare, ad esempio, la tua collezione. Il 50% delle persone compra almeno un prodotto correlato, il 10% compra l'offerta di tutti i videocorsi.

Quindi la media dell'aumento di prezzo è intorno al 30-40% in più, e, fino a che non ho avuto questa strategia in mano, stavo perdendo guadagni. Ovviamente, per poter fare questo, è necessario avere più di un prodotto, altrimenti come si può realizzare l'Upsell? Non puoi farlo ovviamente, però puoi pensare a un'alternativa.

Se hai un prodotto tuo, puoi cercare qualcosa di correlato, magari il prodotto di qualcun altro e metterti d'accordo con lui, proponendogli un accordo in base al quale tu vendi il suo prodotto assieme al tuo e poi prendi una percentuale sulle vendite. Oppure puoi farlo all'interno di un programma di affiliazione cui aderisci. Ad esempio un'azienda che vendeva prodotti per dimagrire mi ha contattato per vendere in correlazione il mio videocorso sul "Controllo del Peso". Un'ottima idea che gli ha fatto guadagnare il 30% in più.

La strategia che abbiamo visto, è abbastanza conosciuta. Nessuno conosce, invece, l'altra che ti propongo e che ho trovato per caso su un sito americano che, ovviamente, la vendeva a caro prezzo. Secondo me è veramente straordinaria e, da sola, vale cento volte il prezzo di questa guida se non di più. Si chiama OTO vale a dire **One Time Offer** (aggiunta di prodotti/servizi/upgrade *dopo* l'acquisto). Una sorta di offerta dell'ultimo minuto ma non proprio, perché l'offerta dell'ultimo minuto avviene prima dell'acquisto, mentre l'OTO al contrario dell'Upsell, avviene ad acquisto già effettuato, dopo aver già comprato e pagato.

Te ne spiego il funzionamento attraverso un esempio: tu hai acquistato la guida che stai leggendo con carta di credito. Alla fine dell'operazione, il sistema ti dice: "Ok, pagato, tutto confermato, clicca qui per tornare dal commerciante", tu clicchi lì e arrivi a una pagina di conferma con su scritto un messaggio: "Grazie per aver pagato. Ora inserisci sotto il tuo indirizzo email, clicca e il sistema ti porta a un'altra pagina da cui puoi scaricare immediatamente l'ebook. Una volta scaricato l'ebook, nel tornare all'home page, devi passare obbligatoriamente a un'altra pagina che si chiama proprio One Time Offer, dove ti viene fatta un'offerta straordinaria di tutto un pacchetto di video a un prezzo bassissimo, molto conveniente, un'offerta che vale in quel momento e poi non più, perché *non la potrai più vedere*. O decidi di acquistarla in quel momento o la perdi, perché la pagina funziona solo in base a dei parametri filtrati dal server della banca dopo il pagamento, per cui non ci potrai più tornare. Non è una pagina Html semplice su cui puoi navigare, o accetti l'offerta in quel momento, o la perdi per sempre. È chiaro che se hai appena comprato e addirittura già pagato un prodotto, vuol dire che hai dato fiducia al sito e al prodotto, quindi se sei intelligente, non ti lasci scappare l'offerta.

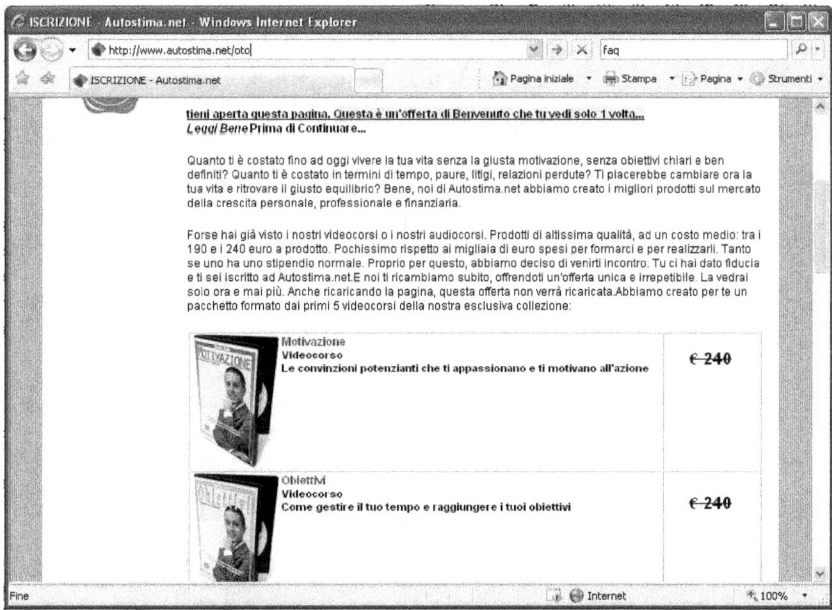

Quello che voglio dire è che, a meno che tu non abbia già alcuni dei prodotti di cui l'offerta si compone o altri prodotti simili per cui non ti interessa, vale la pena acquistare perché è davvero un affare. Certo, è un affare anche per chi vende, è una vendita win-win, dove tu risparmi un sacco di soldi e il sito fa un guadagno aggiuntivo che non era preventivato.

SEGRETO n. 42: la One Time Offer (OTO) è una strategia segreta che ti consente di aumentare le tue vendite di percentuali altissime.

Il 99% dei siti web sono costruiti in questo modo: tu paghi, ti scarichi l'ebook, ti appare una schermata con su scritto: "Congratulazioni, hai comprato il tale prodotto, clicca qui per scaricarlo", e stop. In questo modo, il commerciante sta perdendo l'opportunità di vendere qualcos'altro a un cliente che gli ha appena dato fiducia, e non approfittarne è uno spreco enorme.

Ho scoperto questa strategia la scorsa estate, ero al mare e, intanto, con il mio computer, scaricavo ebook, compravo, leggevo. L'ho applicata a fine agosto ed ho ottenuto dei risultati clamorosi. La mia, però, è stata una vera follia, perché non trovandomi in sede, non disponevo del personale sufficiente per rispondere alla richiesta di videocorsi, ero impreparato a una risposta simile. La mia offerta consisteva in questo: lanciare un ebook gratuito, quello sul raggiungimento degli obiettivi, dicendo: "È un omaggio per te, scarica questo ebook". A seguire la pagina di questo ebook, avevo inserito quella della One Time

Offer, quindi la si poteva visualizzare solo dopo l'avvenuto ricevimento dell'ebook. Scaricavi l'ebook e, in questa pagina di download, trovavi la One Time Offer del pacchetto di videocorsi, e, credimi, ne ho venduti tantissimi perché abbiamo fatturato ben **20.000 euro in un solo giorno!**

È accaduto perché, ovviamente, le persone sono arrivate stimolate dal gratis, dall'ebook in omaggio. Quindi su 200.000 persone di base che ho nella newsletter, circa in 5.000 hanno cliccato e si sono scaricati l'ebook, ed una cinquantina hanno comprato il pacchetto. Io non avevo disponibili tutti i videocorsi, e, come ti dicevo, non ero neanche in sede ma su un'isola sperduta, quindi ero in totale difficoltà, nel panico, pensavo: "Non so come fare". Alla fine abbiamo risolto, ma non mi aspettavo tanto successo. A quel punto, ho mandato il feedback al tizio americano inventore dell'OTO dicendo: "Grazie, sei un genio". Sta di fatto che è veramente una cosa geniale. Il fatto di condividere con te questa strategia vale oro, lo dico sinceramente, questa è una strategia che vale migliaia di euro su internet. Non la conosce nessuno, la maggior parte delle persone spreca una opportunità dopo l'altra.

Una cosa intelligente da fare quando proponi una One Time Offer, è non solo confezionare un'offerta assolutamente conveniente, ma inserire nella pagina dell'offerta un link al sito principale. Arrivandovi, il cliente si potrà rendere conto che quei prodotti, ad acquistarli uno per uno al di fuori dell'offerta, hanno prezzi assai superiori. In questo modo, offri anche al cliente l'opportunità di *giustificare razionalmente* il motivo per cui fai questa offerta; è importante, perché alle persone non basta il beneficio, non bastano le emozioni, bisogna giustificare con la ragione, altrimenti pensano che si tratti di un imbroglio.

La mia giustificazione consiste nel fatto che la mia è un'offerta di benvenuto, vendiamo a un prezzo speciale i primi cinque video della nostra collezione a una persona che si avvicina per la prima volta al mondo della formazione: "Bene, hai scaricato il tuo primo ebook, sei entrato ora nel mondo della formazione, hai la possibilità di acquistare questi video che costano migliaia di euro, per soli 390 euro. Solo per oggi li puoi avere a questo prezzo, ma devi decidere adesso o perderai l'offerta perché non è possibile recuperare questa pagina", ed è effettivamente così. Quando crei l'account, PayPal ti chiede l'indirizzo di una pagina di conferma dove reindirizzare l'utente dopo aver acquistato. Volendo puoi mettere lì la tua One Time Offer in modo che, solo dopo aver effettuato il pagamento, l'utente venga rediretto lì automaticamente e la trovi. Se non coglie l'offerta, la perderà.

Lo puoi fare, come per l'Upsell, anche con prodotti di altri. Ad esempio, al cliente che ha appena acquistato il tuo nuovo ebook sulle diete, consigli di acquistare anche un fantastico video sulla nuova ginnastica che, in pochi giorni, modella il corpo nei punti critici per riacquistare tonicità dopo il dimagrimento. Insomma, provi a vendere qualcosa anche dopo, se non ci sei riuscito prima, e anche se ci sei riuscito prima. Fallo perché 30% qua, 30% là alla fine guadagni molto di più. Su una spesa media di 100 euro, riuscire a vendere, anche a una persona ogni tanto, un pacchetto aggiuntivo da 390, significa aumentare di molto la vendita media, quindi non perdere le occasioni.

Un altro consiglio che ho tratto dall'americano che ha inventato la One Time Offer e che ti offro, riguarda le cosiddette pagine di errore. Hai presente quando, navigando in un sito internet, clicchi su un link che non funziona più? Ti appare una pagina con su scritto "Error 404 - file not found". Perché lasciare queste pagine inattive, questo messaggio stupido e banale di un computer? Usale per creare nuove offerte. Ad esempio: "Questa pagina non è stata trovata e per farci perdonare ti offriamo un buono sconto immediato. Clicca qui, trova questo prodotto…", sfrutta tutte le pagine possibili. Lui le chiama le "dead pages", le pagine morte, quelle in cui il cliente arriva e poi scarica il prodotto oppure addirittura si blocca per una pagina non trovata. Assolutamente no. Sfruttale a tuo vantaggio.

Ci sono mille modi per migliorare, per aumentare il proprio prezzo medio di vendita. Alcune tecniche sono più avanzate, alcune, come ho detto, sono del tutto sconosciute e bisogna darsi un po' da fare, avere la voglia di andarsele anche a cercare su internet o di crearne di nuove da sé. Io, che compro decine di ebook in America, trovo spesso nuove tecniche che, ovviamente, so riconoscere e studiare e replicare, penso: "Questa strategia ha funzionato per me, quindi vuol dire che funziona assolutamente. Cosa ha fatto, come l'ha applicata l'autore?", me le studio accuratamente e poi le replico sul mio sito qui in Italia. L'America è un pezzo avanti in questo settore.

RIEPILOGO DEL GIORNO 6:

- SEGRETO n. 38: se vuoi guadagnare online, devi creare prodotti o servizi di alto valore e venderli a un prezzo altrettanto alto.

- SEGRETO n. 39: se vendi un tuo prodotto, PayPal è il mezzo più veloce, sicuro ed economico per riscuotere i pagamenti con carta di credito.

- SEGRETO n. 40: automatizzare la ricezione dei pagamenti online tramite PayPal, ti consente di crearti rendite automatiche di denaro.

- SEGRETO n. 41: l'UpSell è una strategia di vendita molto efficace per aumentare il prezzo medio delle tue vendite.

- SEGRETO n. 42: la One Time Offer (OTO) è una strategia segreta che ti consente di aumentare le tue vendite di percentuali altissime.

GIORNO 7: NEWSLETTER

Finora abbiamo visto come trovare più clienti aumentando la conversione di vendita con un sito ben fatto, e come aumentare il prezzo medio di vendita attraverso le strategie dell'Upsell e della One Time Offer. Facilmente puoi portare la vendita media da 100 a 150 euro. In realtà, come hai visto, puoi fare anche molto di più. Al tempo stesso, devi riuscire a far tornare le persone che hanno già acquistato qualcosa.

VISITATORI	CLIENTI	PRODOTTI	**RITORNO**	TOTALE
10.000	x 1%	x 100€	x 1	= 10.000€

VISITATORI	CLIENTI	PRODOTTI	**RITORNO**	TOTALE
10.000	x 1,5%	x 150€	x 1,5	= 33.750€

In questa formula, passare da un ritorno di 1 a 1,5 significa far tornare sul sito almeno il 50% delle persone. Voglio che ritornino e comprino altri prodotti, o intendo vendere prodotti di altri alla medesime persone a cui ho già venduto i miei. In America, a questo scopo, fanno una cosa molto carina, ovvero quella di dare commissioni di affiliazione enormi. Ci sono siti web americani che ti riconoscono fino al 75% di commissione, loro si tengono il 25%, rientrano perfettamente con le spese, tanto vendono ebook, costi zero, spese nessuna, è tutto automatico, carta di credito, automazione 24 ore su 24, sette giorni su sette. Si possono certamente permettere di dare commissioni così alte, perché il loro scopo principale non è quello di fare profitto sulle vendite (anche se il 25% è comunque un ottimo profitto), bensì quello di crearsi una lista di clienti cui poter poi vendere altri prodotti. Una volta che l'avranno ottenuta, ne ricaveranno un enorme profitto sia vendendo propri prodotti, sia accordandosi con altri e vendendo prodotti altrui tramite affiliazione.

L'affiliazione è un modo per creare **leva finanziaria**. Se, per guadagnare, conti soltanto sul tuo lavoro, la leva è uno a uno, cioè fai ed ottieni risultati. Se però aggiungi il tuo lavoro a quello di un altro ed un altro ancora, riesci ad ottenere molto di più, ecco perché in America ti offrono fino al 75%. Diventa una cosa realmente positiva, perché tu lavori una volta, crei i tuoi prodotti e li vendi. Poi aderisci a un programma di affiliazione e vendi anche i prodotti degli altri e così via, utilizzando tutte le tecniche e le strategie che ti ho mostrato.

SEGRETO n. 43: i programmi di affiliazione ti danno leva finanziaria perché ti permettono di rivendere i prodotti fatti da altri.

Il fatto è che se non hai persone a cui pubblicizzare i tuoi prodotti o i prodotti degli altri, ogni volta devi ricominciare da zero, e può essere molto frustrante. La soluzione c'è ed è nel **fidelizzare** i clienti: lo puoi fare agevolmente attraverso una **newsletter**.

Raccogli i dati delle persone che hanno comprato tuoi prodotti o che ti chiedono informazioni su qualcosa. Come ti dicevo, è obbligatorio il consenso al trattamento dei dati personali, quindi prevedi un'informativa sulla privacy dove dici: "Il tuo indirizzo email, fornito attraverso questo modulo, viene rispettato, non viene ceduto a terzi, viene usato solo per questo, questo e quest'altro fine. In qualsiasi momento puoi cancellarti. Il titolare del trattamento sono io", quindi metti il tuo nome e cognome o la denominazione della tua azienda.

La newsletter è la ricchezza a lungo termine. Oggi hai un prodotto e lo vendi, guadagni 1.000, 2.000, 3.000 o 5.000 euro, però, una volta effettuata una vendita, ti trovi nella condizioni di ricominciare da capo: devi inventarti un prodotto nuovo, raccogliere nuova clientela e intanto sperare che il prodotto vecchio continui a vendere a vita. La ricchezza sta nell'avere clienti fissi, fidelizzati. Persone che comprano qualsiasi cosa tu proponga di nuovo. Io sono il primo a comprare tutto quello che trovo su marketing, PNL e comunicazione. Ci sono dei siti cui sono affezionato, dei produttori che, secondo me, lavorano molto bene, dai quali acquisto automaticamente ogni nuovo prodotto. Anzi, raccomando loro: "Avvertitemi non appena esce una novità affinché io possa essere fra i primi ad averla. Consideratela già comprata". Sarebbe bello avere dei clienti come me, non è vero?

Vale comunque la pena mettersi nelle giuste condizioni perché ciò avvenga. Ci sono delle persone che ti seguono perché soddisfatte del tuo modo di lavorare. Ogni volta che noi immettiamo un prodotto nuovo sul mercato, ci sono quei 50-100 clienti che sono i primi a comprare e che ormai conosco per nome perché sono sempre gli stessi. Esce il prodotto e loro ci sono, so che l'ordine già esiste da qualche parte, perché sono affezionati, perché gli piacciono i prodotti e quindi continuano ad acquistarli.

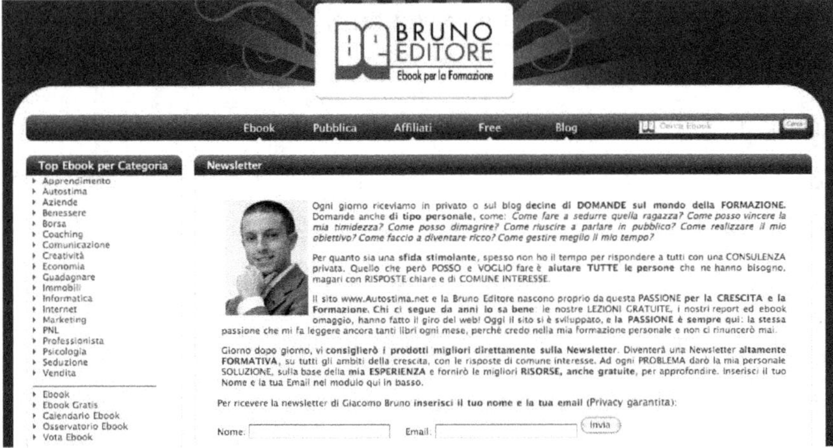

Gli americani dicono: *"Gold is in the list"*, cioè l'oro è nell'avere la lista degli indirizzi dei tuoi clienti. Per loro è più importante raccogliere l'indirizzo email del cliente che non concludere oggi una vendita, perché raccogliendo tanti indirizzi email, domani avranno una clientela consolidata nel tempo.

SEGRETO n. 44: la newsletter è uno strumento che ti aiuta a fidelizzare i tuoi clienti e quindi a farli ritornare sul tuo sito.

Le risorse più importanti che ti consiglio per creare la tua lista sono due:

1) Aprire un gruppo di **Yahoo**: http://it.groups.yahoo.com/

Yahoo è il secondo motore di ricerca più importante del mondo dopo Google. Offre molti servizi ed è un grande portale. Cos'è un gruppo? È un servizio nel quale puoi raccogliere delle iscrizioni. Yahoo ti fornisce il codice da inserire sul tuo sito per crearti il modulo che serve alle persone per iscriversi.

Puoi inserire il modulo sia dopo che il cliente ha acquistato, scrivendo: "Inserisci il tuo indirizzo email per ricevere il prodotto", oppure prima che acquisti in cambio di qualche servizio: "inserisci l'indirizzo email per iscriverti alla nostra newsletter".

Li chiamano gruppi perché mentre la newsletter tradizionale dà la possibilità di inviare a tutti gli iscritti uno stesso messaggio, nel gruppo ognuno può dare il proprio contributo. In ogni caso puoi utilizzarlo come fosse una newsletter, e cioè in modo tale che solo tu possa inviare messaggi. Altre persone utilizzano i gruppi di Yahoo per creare una sorta di forum dove ognuno dice la sua su un dato argomento. Ad esempio, io lancio un tema: "Che ne pensate dell'autostima?", poi ognuno partecipa e dice la sua, come in un blog.

I gruppi esistono da sempre e sono molto utilizzati per l'invio di newsletter. Le persone si iscrivono tramite un modulo e tu raccogli questi indirizzi. Lo fanno perché, magari, sono interessate a saperne di più, vogliono sapere cosa hai da dire o, se hanno comprato il tuo prodotto, vogliono ricevere ulteriori informazioni ed hanno acconsentito, quindi, al trattamento dei dati.

Aprire un gruppo su Yahoo è gratuito, quindi apri l'account e attribuiscigli un nome decidendo un tema di cui di interessa parlare. Se vuoi parlare di ricette, potresti chiamarlo, ad esempio, "tutto sulle ricette". Poi invii messaggi ai tuoi iscritti del tipo: "Sapete, parlando di ricette volevo informarvi che ho scoperto un sito dove potete trovare una serie di ricette dietetiche e gustose" e metti un bel link al sito di riferimento. Poi crei la tua guida alle ricette e gliela vendi. Il principio è lo stesso della recensione sul blog, quando consigli un prodotto, gli utenti che ti seguono possono essere fortemente interessati ad ordinarlo.

L'idea è che se hai degli utenti, hai qualcuno cui pubblicizzare gratis. Ormai sono tuoi. Quindi, se è vero che da una parte investi in pubblicità, dall'altra ti crei la possibilità di pubblicizzare il tuo prodotto agli utenti che hai raccolto. All'inizio sarà uno, poi dieci, poi cento, poi mille: noi siamo ad oltre 200.000. Man mano che si va avanti, le persone aumenteranno sempre di più ed è difficile che diminuiscano a meno che tu non fornisca un servizio pessimo da cui si può desiderare cancellarsi. Tuttavia, so per esperienza che quando qualcuno si iscrive a una mailing list per scelta, vuol dire che è interessato a ricevere quel tipo di materiale, che si tratti di informazioni, prodotti e quant'altro.

SEGRETO n. 45: con Yahoo Gruppi puoi creare una tua newsletter in maniera veloce e gratuita.

2) Aprire un account su GetResponse: www.Getresponse.com

È un servizio americano molto efficiente e, anche se non è in italiano, è molto facile da usare. È una cosa un po' diversa dalla classica newsletter, è un **"autorisponditore"**, ovvero, una volta impostato, invia automaticamente dei messaggi email alle persone iscritte. Come funziona? Diciamo che tu voglia creare un *corso online* sulle ricette da distribuire gratuitamente, giusto per raccogliere indirizzi email e trovare una cerchia di persone che ti seguono. Bene, ti crei un account su Getresponse, imposti le varie lezioni gratuite sulle ricette e inserisci il modulo per iscriversi nel tuo sito. Quando la persona si iscrive tramite il modulo, in maniera del tutto automatica le arrivano le lezioni del tuo corso di ricette. La prima dopo una settimana, la seconda dopo due settimane e così via, a seconda di come hai scelto.

Quindi, mentre tramite la newsletter posso inviare ai miei 200.000 iscritti un unico messaggio, ad esempio: "Oggi esce l'ebook Fare Soldi Online", l'autorisponditore lavora automaticamente in base alla traccia da te decisa. Tu imposti dieci lezioni nell'autorisponditore: lezione 1 - ricetta del kebab; lezione 2 - ricetta degli involtini primavera; lezione 3 - e così via. Nel momento in cui la persona si iscrive, riceve la prima lezione e poi, a seguire, tutte le altre fino all'ultima secondo la cadenza voluta da te. Questo avviene in maniera totalmente automatica, non ti devi ricordare di farlo, l'autorisponditore lo fa per te e lo fa per ciascun utente che si iscrive, indipendentemente da quando si iscrive. Invece di creare un ebook scaricabile, imposti dei corsi online, per esempio, gratuiti. Ecco un esempio graficamente molto accattivante di richiesta di iscrizione a un corso online gratuito:

Il bello di tutto questo è che non appena ci si iscrive, si riceve la prima lezione, dopo una settimana la seconda e così via secondo scadenze preimpostate. È un concetto piuttosto diverso da quello della newsletter, non è un messaggio uguale per tutti, ma personalizzato in base ai tempi di iscrizione di ogni persona. Poi, per tornare all'Upsell, nell'ultima pagina di ogni lezione puoi proporre l'acquisto di un prodotto correlato, come, ad esempio, un bel videocorso.

Studi americani dicono che il **50%** delle persone compra al primo messaggio di invito, il restante **50%** compra in tempi diversi. Alcuni al 2° messaggio, alcuni al 3°, alcuni al 4°, altri al 5° o al 6°. Se al 6° messaggio non hanno comprato, vuol dire che li hai persi, oppure la percentuale di chi compra dopo il 6° messaggio è talmente minima da non far più testo. Significa che se ti limiti al semplice messaggio in newsletter dicendo: "Solo per una volta offro questo prodotto", otterrai di concludere il 50% delle potenziali vendite e perderai il restante 50%. Al contrario, se riproponi ad ogni cliente un messaggio riguardante sempre lo stesso prodotto almeno 6 volte e gli dici: "Compra questo, compra questo, compra questo, compra questo...", alla fine è quasi certo che lo venderai a tutti coloro che sono interessati e a un'ottima percentuale degli indecisi.

Solo che non puoi martellare una persona sei volte con la stessa pubblicità, perché altrimenti si cancella. Se invece crei un **corso**

online, tipo: "Guida gratuita a questo prodotto. Iscriviti", ed ogni volta gli offri lezioni con dei contenuti interessanti, di qualità, il cliente non si dispiacerà se, alla fine, alleghi un messaggio con su scritto: "Se vuoi approfondire visita il sito di questo prodotto", e aggiungi il link. In questo modo, dopo almeno 6 lezioni e quindi altrettanti messaggi, riesci ad arrivare ad ottenere il 100% delle vendite potenziali. Quindi, se 100 persone sono interessate, riuscirai a vendere a tutte. Perciò, invece di limitarti a un solo messaggio vendendo il prodotto al 50% delle persone, con questi autorisponditori, in maniera automatica, lo puoi vendere a tutti.

SEGRETO n. 46: GetResponse è un autorisponditore per creare corsi online o lezioni gratuite completamente automatizzati.

In Italia non li usano in molti, perché comunque è un sistema che va impostato e necessita di contenuti di qualità da proporre. Ma chi li usa, ottiene un grande ritorno sulle vendite. Ad esempio, noi abbiamo creato degli autorisponditori dedicati esclusivamente ai nostri clienti. Chi compra il prodotto "PNL Segreta" riceverà consigli mirati per approfondire la PNL, chi, invece, decide per l'acquisto del videocorso "PNL coach" o del corso sul modellamento, riceverà un approfondimento sugli obiettivi e la comunicazione, e così via. Un lavoro stimolante che può portare risultati notevoli.

Come fai a far sì che, con buona certezza, i tuoi utenti ti lascino il proprio indirizzo email? C'è molta diffidenza nel cedere i propri dati personali, e in particolare l'indirizzo di posta elettronica, ad estranei. Siamo abituati a ricevere tonnellate di spam e messaggi non richiesti, molte newsletter sono delle noie mortali, devi creare ai tuoi iscritti un **beneficio immediato** perché si fidino di te. Non dire: "Iscriviti alla newsletter", perché le persone non si convincono così, invece prova a dire: "Scarica gratis questo ebook e iscriviti alla newsletter", è diverso, la persona pensa: "Ok, mi iscrivo però ho in dono un ebook, un beneficio immediato, lo sento subito, lo posso toccare, lo associo a piacere". Rientra nel principio di reciprocità.

ESERCIZIO - Scrivi tre idee per pubblicizzare ebook o corsi online da offrire gratis, anche ebook di 20 pagine vanno benissimo, in cambio dell'iscrizione a una newsletter. Un qualcosa da offrire come beneficio principale per l'iscrizione alla newsletter. Pensa a tre possibili idee di ebook, guide, corsi online:

____

____

____

Hai trovato buone idee? A noi le buone idee sono valse oro, infatti **Autostima.net**, come dominio, è stato registrato nel settembre 2002, e fino a dicembre 2003, non abbiamo venduto nulla, nel senso che non c'erano prodotti da vendere, avevo creato un sito nato dalla mia passione. Io ho conosciuto la PNL, sono venuto in contatto col modo della formazione, in giovanissima età e me ne sono subito appassionato. Negli anni, la motivazione a formarmi in questo campo è cresciuta sempre più e mi sono talmente appassionato, innamorato di questa materia che a un certo punto ho pensato: "Voglio divulgare questo messaggio, voglio che tutti sappiano queste cose". Nel tempo, ho creato centinaia di lezioni gratuite su tutto ciò che avevo letto e che mi aveva appassionato nei mesi e negli anni precedenti: la seduzione, l'amore, la comunicazione, la crescita professionale, il lavoro e, procedendo, aggiungevo altro materiale. Questo è stato il segreto del mio successo: il sito è nato dalla **passione**. Quando trasmetti passione, le persone se ne accorgono e ti seguono, così come è accaduto anche per il mio primo sito, di videogiochi, e il secondo, di cellulari, anch'essi nati per passione.

Come mai tutti i miei siti hanno avuto successo? Se facessimo un lavoro di modellamento su di me in chiave PNL, troveremmo tra di essi diverse cose in comune. Non è un caso, non ho semplicemente avuto fortuna cavalcando l'onda del boom di un dato prodotto. Se fai una cosa per passione ed offri un valore alle persone, come ti ho detto più volte, queste ti apprezzeranno e parleranno bene di te creando un circolo virtuoso attraverso il passaparola, che poi è lo strumento più efficace nel marketing.

Io non ho messo un solo annuncio su Google nei primi anni di vita del sito: non ne ho avuto bisogno perché le persone mi arrivavano attraverso il passaparola. Ed offrendo materiale gratuito, lezioni gratuite, ebook gratuiti, abbiamo ottenuto

150.000 iscritti in 15 mesi, una media di 10.000 iscritti al mese, che sono un'enormità. Io sono innamorato di internet per l'immenso potenziale che ha. Rifletti su questo punto, quale rivista può vantare 150.000 abbonati? Nessuna, neanche i più grandi quotidiani. Né possono raggiungere i loro acquirenti come e quando vogliono, tramite un semplice clic, senza spendere nulla.

Pensa al direct marketing tradizionale. Ti munisci di buste e francobolli, inserisci le brochure, mandi i plichi per posta. Solo di carta e materiale spendi migliaia di euro, di spedizione e francobolli altrettanto, di personale che ti fa questo lavoro ancora di più. Internet offre possibilità infinite a costo zero, è lo strumento più potente che si possa avere, qualsiasi età tu abbia.

Le persone non più giovanissime, spesso mi confessano di avere problemi a utilizzare il computer, ad esempio per il discorso della creazione del sito, e io spiego loro che il **blog** è la risposta più immediata e semplice per iniziare. In cinque minuti, anche il meno esperto di internet sarebbe in grado di creare e configurare un nuovo blog e iniziare a creare contenuti. E, quindi, a guadagnare soldi.

Uno dei nostri migliori affiliati, è una signora della veneranda età di 73 anni! Alla faccia di tutti i 40enni e 50enni sfiduciati nelle loro possibilità di usare il computer. Questa signora ci scrive in continuazione per chiederci consigli e ottiene ottimi risultati. Addirittura una volta ci ha segnalato un nuovo servizio di pubblicità via cellulare offerto da Google. Io non ne ero a conoscenza e lei sì. Straordinario!

Questo è un lavoro semplicissimo, alla portata di tutti, occorre solo avere il giusto atteggiamento mentale. I risultati arrivano se metti passione in quello che fai, come credo accada in qualsiasi altro lavoro. Che tu sia imprenditore, professionista o dipendente, se non fai con passione il tuo lavoro perché, magari, non ti piace particolarmente, non ottieni risultati.

Se all'inizio devi fare qualcosa gratis, va bene, però io ti insegno anche strategie per guadagnare da subito. Magari ti toccherà investire dei soldi in pubblicità per avere i primi visitatori, ma quei soldi ti verranno ripagati subito, con carta di credito sul tuo conto, e non tra mesi o anni. Basta creare un prodotto o vendere il prodotto di altri.

Come ti dicevo, se noi abbiamo totalizzato 150.000 iscritti nel primo anno e mezzo, e altri 70-80 mila negli ultimi anni, questo significa qualcosa. Vuol dire che il prodotto funziona, che il servizio funziona, che c'è valore aggiunto, che seppure una persona ogni tanto si cancella, se ne aggiungono talmente tante altre ogni giorno che il servizio è cresciuto tantissimo.

Attualmente, attraverso un semplice clic posso raggiungere oltre 200.000 persone e informarle del fatto che ho lanciato un nuovo prodotto. Le persone che mi seguono da mesi o anni, non vedono l'ora che lo faccia. Se poi consiglio loro un prodotto di altri, lo comprano, perché si fidano di me e della mia competenza in materia. Se dico: "Questo testo è straordinario" sono sicuro che i miei clienti lo acquisteranno ad occhi chiusi, perché c'è oramai un certo tipo di rapporto con loro. Non sempre percepisco una commissione sulle vendite, spesso consiglio testi semplicemente perché li considero realmente validi, senza aver preso nessun precedente accordo con l'autore, o magari perché si tratta di libri di colleghi che stimo.

È importante che nel momento in cui cominci ad avere degli indirizzi di utenti che ti seguono, non li consideri solo come contatti o come una rendita, ma come persone. Utilizza sempre il tu, sia nel sito che nella newsletter. La newsletter può essere strutturata esattamente come il sito: qualsiasi cosa tu pubblicizzi, gli ingredienti sono sempre benefici, informazioni, rassicurazioni. Però, se vai sul sito di "PNL Segreta" ti accorgi che è strutturato come una lettera, trovi scritto: "Ciao, oggi è il tale giorno, sono Giacomo Bruno, tu sei qui perché ti sei interessato al tale prodotto...", è un rapporto diretto, io voglio creare un rapporto con le persone mie clienti o che semplicemente mi danno fiducia nel visitare o nel leggere una mia pagina.

SEGRETO n. 47: devi creare un rapporto umano con i tuoi clienti e offrire loro sempre servizi di alta qualità.

Questo è molto importante, crea fiducia, crea un rapporto. Creare rapport, sintonia con le persone è la base della PNL. Queste persone diverranno tue amiche. In America c'è una differenza in termini fra *costumer* e *client*. In italiano si traduce in entrambe i casi con la parola cliente, oltreoceano non è così.

Mentre *costumer* è un qualcosa di più esterno, è un cliente nel senso più asettico del termine, col termine *client*, invece, si fa riferimento a qualcuno con cui si ha un rapporto molto stretto, quasi familiare, è come dire che la persona "fa parte della mia cerchia". Viene anche usato nel gergo mafioso per parlare di qualcuno che fa parte della famiglia.

Io vedo i miei iscritti e i miei visitatori come *client*, cioè sono persone che io seguo, mandando loro ogni settimana informazioni, notizie su prodotti ed eventi anche esterni alla mia attività, senza necessariamente un ritorno monetario, ma anche solo per passione.

RIEPILOGO DEL GIORNO 7:

- SEGRETO n. 43: i programmi di affiliazione ti danno leva finanziaria perché ti permettono di rivendere i prodotti fatti da altri.

- SEGRETO n. 44: la newsletter è uno strumento che ti aiuta a fidelizzare i tuoi clienti e quindi a farli ritornare sul tuo sito.

- SEGRETO n. 45: con Yahoo Gruppi puoi creare una tua newsletter in maniera veloce e gratuita.

- SEGRETO n. 46: GetResponse è un autorisponditore per creare corsi online o lezioni gratuite completamente automatizzati.

- SEGRETO n. 47: devi creare un rapporto umano con i tuoi clienti e offrire loro sempre servizi di alta qualità.

GIORNO 8:

Il Tuo Business su Facebook

Accanto ai blog, negli ultimi anni si è affacciato sulla scena del web un altro strumento che ti permette ancora di creare business online molto remunerativi. Come avrai già capito sto parlando di Facebook, attualmente il più grande sito di social network.

Nato nel febbraio del 2004, ha al suo attivo 500 milioni di utenti sparsi in tutto il mondo. Ciascun utente possiede un proprio profilo corredato di fotografie, liste di interessi e altre informazioni personali. Ognuno può poi diventare amico di un altro con un meccanismo molto semplice di richiesta e approvazione dell'amicizia.

Molte persone sono portate a chiedere e accettare le amicizie anche di utenti sconosciuti, magari solo perché si hanno delle conoscenze o degli interessi in comune. In questo modo ogni utente si trova al centro di una rete di contatti che è quasi sempre molto vasta e potenzialmente lo è ancora di più. Non avrai difficoltà a capire quanto questo meccanismo faciliti i contatti tra le persone e avvicini anche sconosciuti o celebrità che prima sembravano irraggiungibili.

Facebook è, dunque, un mezzo molto potente e, distinguendoti dalla massa di persone che lo usano passivamente, puoi utilizzarlo per fare business, sfruttando tutte le possibilità virali che ti offre per farti conoscere e incrementare il traffico sui tuoi siti.

SEGRETO n. 48: Facebook è uno strumento molto potente che ti permette di ampliare la tua rete di contatti e di incrementare il tuo business attraverso meccanismi molto semplici.

Dei milioni di utenti complessivi solo una parte ha saputo cogliere le opportunità offerte da questo strumento per far aumentare il volume del proprio giro d'affari, ma sono certo che tu rientri tra quelli che, tramite Facebook, vogliono raggiungere la popolarità e il successo: è proprio la forza delle relazioni che ti sostiene nel conseguimento di questo scopo.

La dinamica che regola le relazioni deve essere chiara nel tuo piano di lavoro affinché tu possa instaurare rapporti di fiducia con le persone che ti interessano. Devi comunicare con il linguaggio giusto ed essere seducente: in questo modo puoi incuriosire le persone circa la tua personalità e rendere interessante quel che offri.

Le amicizie diventano il tuo capitale sociale: personaggi importanti e influenti, progetti a cui prendere parte, incontri favorevoli, insomma le persone giuste per ampliare le tue opportunità di business. Più amici hai e più facilmente puoi raggiungere i tuoi obiettivi: farlo è semplicissimo, basta un clic!

È naturale che non tutte le tue connessioni si convertano in business, ma, comunque, anche queste possono offrirti la possibilità di entrare in contatto con altri utenti, magari più interessati.

Certamente sono gli utenti che rientrano in una determinata nicchia a rispondere con maggiore attrazione e coinvolgimento, ma su Facebook anche quella che chiamiamo una piccola nicchia può raccogliere migliaia di utenti interessati.

SEGRETO n. 49: le relazioni che instauri sono il tuo capitale sociale. Seducile, conquistale e tramutale in business.

Voglio portarti come esempio la mia esperienza personale per farti rendere conto di come sia facile aggregare intorno a te le altre persone e diffondere di conseguenza i tuoi prodotti grazie alla viralità tipica di questo social network.

Ho creato il mio profilo su Facebook circa due anni fa e ho intorno a me una rete di più di 4.000 amici. Attorno a questi ruotano altri utenti in numero variabile a seconda dell'utilizzo che ciascuno fa di questo strumento.

Al momento dell'iscrizione al sito, ho deciso di inserire il mio nome reale perché solo in questo modo chi vuole contattarmi può farlo in maniera diretta. Con uno pseudonimo sarebbe più difficile farmi trovare e innescare relazioni solide su Facebook.

Ho scelto per la mia pagina una foto scattata durante un mio intervento a una fiera del libro, dunque un'immagine professionale, perché voglio che gli utenti mi percepiscano come una persona seria e degna della loro fiducia. Sotto la fotografia ho inserito il logo della Bruno Editore, così che le persone possano immediatamente identificarmi con la casa editrice che pubblica ebook per la Formazione.

Ho completato il mio profilo riportando alcune informazioni personali e, ovviamente, non ho mancato di aggiungere a queste i miei siti web, in modo da pubblicizzarli e renderli immediatamente disponibili a chi fosse interessato o, semplicemente, incuriosito.

Informazioni di contatto

Info contatto	Sito Web:	http://www.brunoeditore.it
		http://www.giacomobruno.it
		http://www.autostima.net
	Profilo Facebook:	http://www.facebook.com/giacomo.bruno

Le informazioni che inserisci nel tuo profilo sono molto importanti, non solo perché permettono agli altri utenti di rintracciarti o identificarti più rapidamente, ma anche, e soprattutto, perché sono elementi che il motore di ricerca interno indicizza. Compilare tutti i campi del tuo profilo è, quindi, una base di partenza fondamentale per avviare al meglio il tuo business su Facebook e non autolimitarti in quanto a possibilità di notorietà del tuo nome e diffusione della tua offerta.

Nel tempo ho sempre aggiornato la mia Bacheca tenendo informati i miei contatti sulle attività della casa editrice, sulle promozioni in corso, sui numerosi eventi a cui prende parte. Le notizie che fornisco sono corredate spesso di immagini o video.

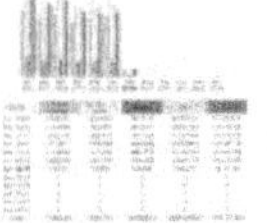

A volte mi capita di aggiungere delle note personali, piccoli fatti quotidiani o eventi della mia vita che voglio condividere. In tutto questo c'è molta spontaneità, ma ti assicuro che è anche una buona tecnica per trasmettere delle sensazioni positive e far percepire l'esistenza di una persona dietro a un nome.

Come probabilmente già saprai, tutte le operazioni che effettui vengono tracciate in uno spazio sia nella tua homepage che in quella dei tuoi amici: in questo modo ciascuno può essere velocemente informato sugli aggiornamenti altrui. Anche questo è un dato da non sottovalutare, anzi, consideralo come un'ulteriore opportunità da cogliere: aggiorna spesso la tua Bacheca, scrivi frasi che incuriosiscano, annuncia le novità che riguardano il tuo prodotto. In altre parole, affascina i tuoi contatti e fai in modo che la tua pagina sia visitata il più possibile.

SEGRETO n. 50: al momento dell'iscrizione è bene fornire tutte le indicazioni necessarie per essere rintracciati dagli altri utenti e indicizzati dal motore di ricerca interno. Anche la foto e la Bacheca sono mezzi per comunicare con gli altri.

Ti ho già detto dell'importanza della viralità in uno strumento come Facebook. Ora ti voglio descrivere una mia personale esperienza al riguardo, ossia il numero di relazioni che ho innescato creando un'applicazione che ho chiamato Bruno Editore Gifts e che serve a regalarsi ebook virtuali da un profilo all'altro.

Come funziona? In pratica, puoi regalare ebook virtuali ai tuoi contatti, che riceveranno l'immagine della copertina, oppure puoi invitare i tuoi amici a partecipare al concorso. Ogni volta che regali un ebook virtuale guadagni 10 punti e ogni volta che inviti uno dei tuoi amici a partecipare ne guadagni 30. Alla fine, i primi cinque utenti che conquistano il maggior numero di punti ricevono in premio degli ebook.

La scelta dell'ebook da inviare va effettuata, ovviamente, tra le categorie in cui è suddiviso il nostro catalogo.

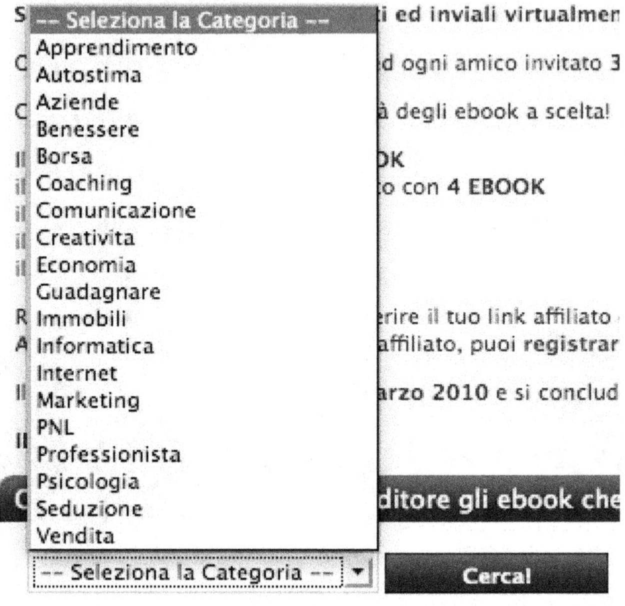

Una volta scelta la categoria, si individua l'ebook da inviare e si clicca su "Invia ad un amico".

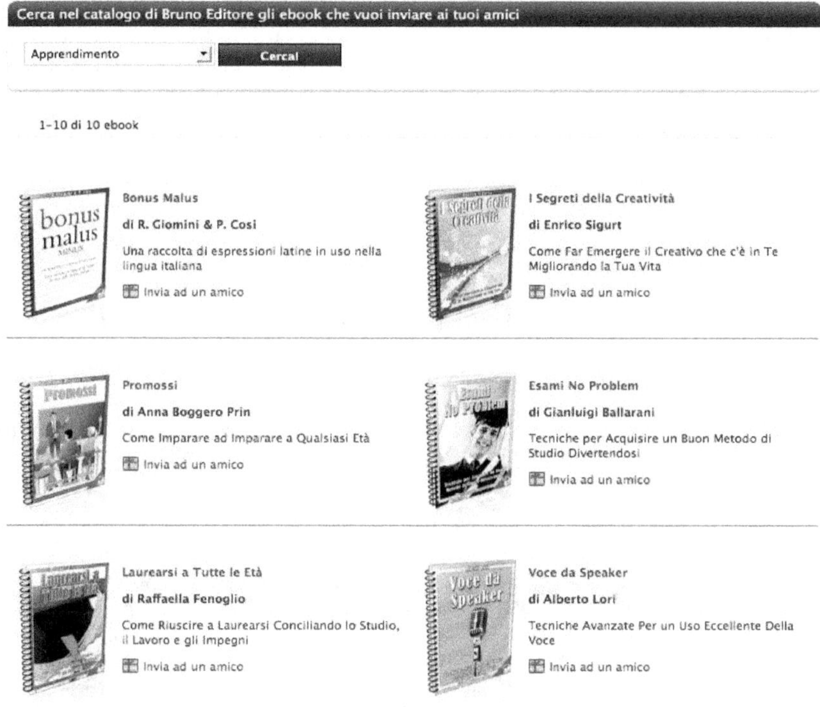

A questo punto il destinatario riceve il regalo che hai scelto per lui, lo accetta e l'immagine viene pubblicata sul suo profilo.

Attraverso un menu, l'utente può compiere queste operazioni di invio degli ebook e di invito degli amici, oltre che poter consultare la classifica, guadagnare punti extra, accedere al regolamento del gioco e diventare fan.

Questa applicazione si è rivelata particolarmente vantaggiosa per i nostri affiliati, perché gli ebook virtuali inviati sono corredati del loro link di affiliazione, il che equivale a moltissimi clic in più sul loro sito web e, di conseguenza, a nuove commissioni.

Per la Bruno Editore il risultato si è rivelato straordinario: 1.727 partecipanti, più di 50.000 ebook virtuali regalati agli amici, un ritorno di brand eccezionale. E non è tutto: una campagna promozionale con questi numeri sarebbe costata almeno 100.000 euro!

Pensa alla potenza di questo strumento, a quante persone puoi trasmettere il tuo messaggio, ai risultati grandiosi che puoi raggiungere sfruttando con intelligenza questo mezzo!

Se non sai crearle da te, ci sono dei programmatori, rintracciabili anche su Facebook, che possono realizzarti un'applicazione personalizzata. Daniele Ghidoli è uno di loro: fondatore di BigThink.it, società che si occupa di elaborare soluzioni e strategie di marketing online, per noi ha creato proprio l'applicazione Bruno Editore Gifts.

SEGRETO n. 51: la possibilità di sviluppare e diffondere applicazioni su Facebook è un'opportunità da cogliere. Puoi creare giochi e piccoli concorsi inerenti al prodotto che offri e ottenere dei risultati straordinari.

Esiste anche la possibilità, come ti sarà capitato di constatare utilizzando Facebook, di creare dei Quiz. Bene, io l'ho fatto e i risultati che ho ottenuto sono stati sorprendenti.

A differenza di quanto potrebbe sembrare, i quiz possono essere usati come veri e propri strumenti di marketing, facili da creare, addirittura in soli tre clic!

Ci sono dei campi da riempire con domande e risposte, così come puoi vedere nell'immagine sottostante.

Il tutto è molto semplice e intuitivo. Alla fine del quiz, a seconda delle risposte che hai dato, ottieni un risultato.

Il quiz che ho creato io si chiama "Che libro sei?" e lo scopo è quello di scoprire il libro più indicato alla tua personalità.

Occorre rispondere a cinque domande riguardanti alcune caratteristiche individuali.

1. **Qual è la qualità che cerchi in un partner?**

Ask this question!

- ○ Amore e odio
- ◉ Parlare tanto
- ○ Silenzio e mistero

2. **Che genere di film guardi?**

Ask this question!

- ○ Commedie
- ○ Azione
- ◉ Thriller

3. **Ti senti portato/a alle relazioni?**

Ask this question!

- ○ No, mi piace stare per conto mio
- ○ Amo comunicare con gli altri
- ◉ La seduzione è la mia arte

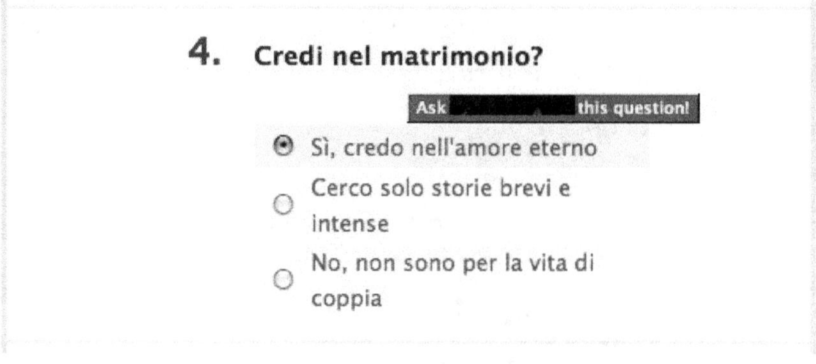

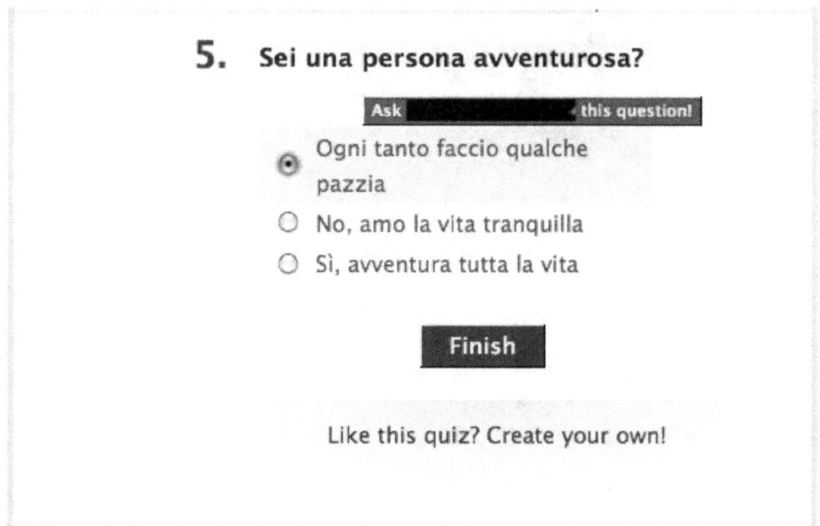

Quando hai risposto a tutte le domande, clicchi su "Finish" e ottieni il risultato, che consiste in uno di tre ebook scritti da me:

Seduzione, Il Negoziatore, Ipnosi Segreta. A questo punto puoi scegliere se pubblicare il risultato sul tuo profilo e condividerlo con i tuoi amici oppure no.

Quello ottenuto è stato un gran risultato: il quiz è stato fatto per ben 173.617 volte! Dunque, un modo semplicissimo per entrare in contatto con migliaia di persone in breve tempo, pubblicizzare i miei ebook e risparmiare gli oltre 350.000 euro che avrei dovuto spendere in pubblicità per arrivare a questi risultati!

SEGRETO n. 52: creare un quiz è semplicissimo e ti permette di pubblicizzare i tuoi prodotti non solo ai tuoi contatti, ma ad una rete composta di migliaia di utenti.

Un altro modo molto veloce e pratico per entrare in contatto con il target di persone che ti interessa è quello di creare i Gruppi e le Fan Page; gli utenti che aderiscono, infatti, sono già interessati all'argomento proposto e sono, quindi, potenziali clienti già targettizzati. Voglio spiegarti questo meccanismo, ancora una volta, attraverso un esempio pratico.

Gianluigi Ballarani, autore dell'ebook *Facebook: Successo e Business*, ha creato un Gruppo che si chiama "Perché non facciamo soldi su Facebook, invece di perderci tempo?" e ha raccolto intorno a sé migliaia di utenti che hanno deciso di diventare membri del Gruppo.

Senza sforzo si ricevono i contatti di utenti già interessati, il che coincide con un alto livello di conversione in business: essi rappresentano, infatti, quella specifica nicchia interessata a guadagnare con Facebook e, quindi, sono potenziali acquirenti dell'ebook del nostro autore e potenziali frequentatori dei suoi siti web. Se avesse creato un Gruppo semplicemente per promuovere e vendere il suo ebook, non avrebbe attirato l'attenzione dello stesso numero di persone. Naturalmente l'intento originario non era quello di vendere copie dell'ebook, ma di condividere un'idea in cui l'autore crede e che ritiene vincente.

Anche tu puoi creare un tuo Gruppo. La procedura è molto semplice.

Accedi alla tua Home page e clicca su Gruppi.

Si apre una pagina che ti permette sia di visualizzare i Gruppi di cui sei membro sia di crearne uno tuo.

Cliccando, si apre una pagina con un modulo in cui inserire alcune informazioni.

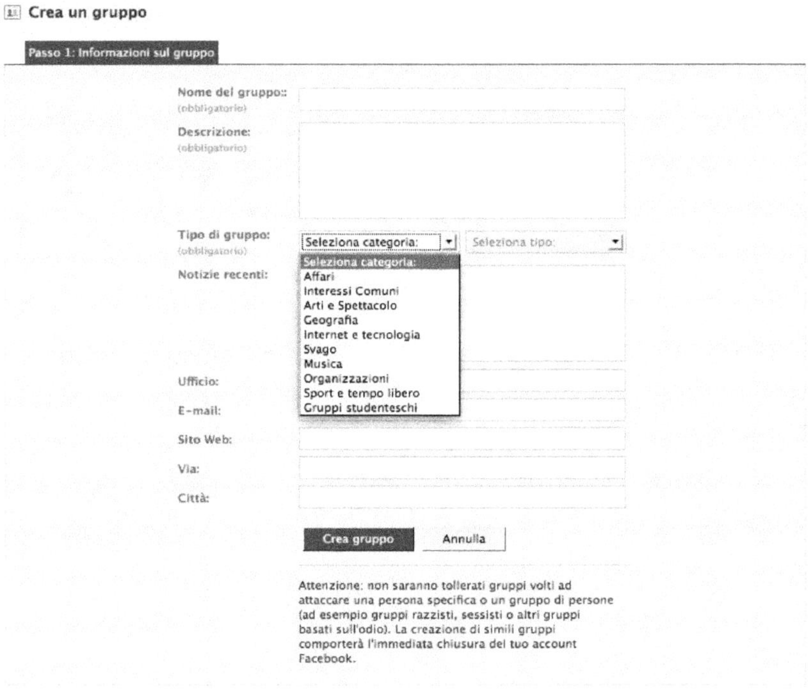

Il tuo Gruppo è stato creato. Ora non resta che definire alcune impostazioni e riempire di contenuti la tua nuova pagina. Dopo di che puoi iniziare a mandare inviti di adesione ai tuoi contatti.

SEGRETO n. 53: creare un Gruppo è un metodo molto semplice a cui puoi ricorrere per aggregare intorno a te persone interessate al tuo prodotto.

Facebook permette alle aziende, alle celebrità e alle organizzazioni di creare una Pagina ufficiale per condividere le informazioni con gli utenti che vi si connettono. Un rappresentante ufficiale la può realizzare semplicemente compilando questo form, scegliendo un nome e indicando il tipo di organizzazione o impresa e la categoria del prodotto offerto. Si accettano le condizioni d'uso e si clicca su "Crea Pagina ufficiale".

Crea una Pagina

Pagina ufficiale

Crea e mantieni una Pagina Facebook ufficiale per comunicare con clienti e fan.

Crea una Pagina per:

○ Un'impresa locale

⦿ **Un marchio, un prodotto o un'organizzazione:**
  Prodotti ▾

○ Un artista, un gruppo musicale o un personaggio pubblico

Nome della Pagina:
Bruno Editore

(esempi: Bar dello sport, Trio Jazz Perugia)

☑ Sono il rappresentante ufficiale di questa persona, azienda, gruppo o prodotto e dispongo dell'autorizzazione a creare questa Pagina.
Leggi le condizioni d'uso di Facebook

Crea Pagina ufficiale

Così come nella creazione del tuo profilo ci sono alcuni passi da fare per arricchire il tuo spazio.

Innanzitutto puoi aggiungere un'immagine.

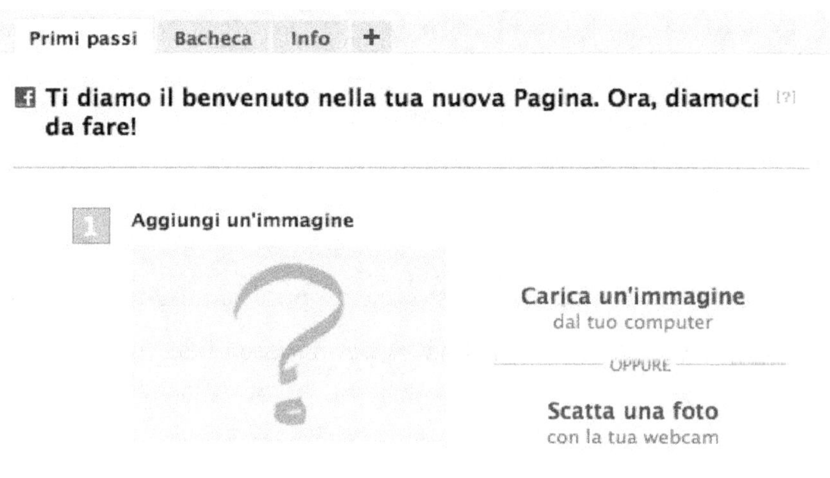

Puoi fornire alcune informazioni di base.

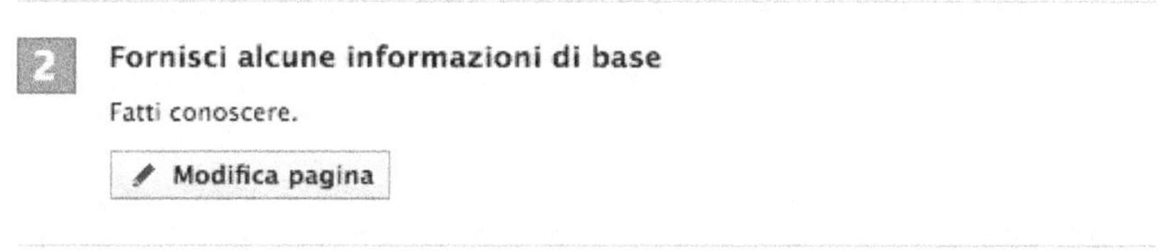

Infine puoi condividere le tue notizie, proprio come fai sul tuo profilo.

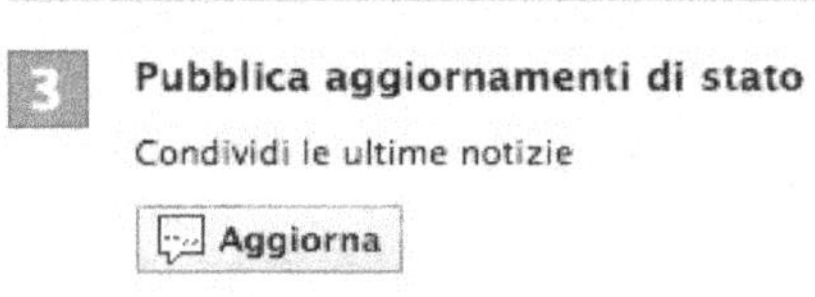

Naturalmente, anche in questo caso, puoi configurare il tuo cellulare e il tuo account su Twitter per inviare gli aggiornamenti.

Il risultato iniziale che puoi ottenere è simile a quello nell'immagine sottostante. Devi poi arricchire la tua Pagina con quotidiani aggiornamenti, discussioni, eventi, foto ecc. E naturalmente condividerla con tutti i tuoi contatti.

Io stesso ho creato una Pagina, non per pubblicizzare direttamente la mia casa editrice, ma la nicchia di mercato in cui lavora, la parola chiave che la rappresenta, ossia l'ebook.

La Pagina ha come immagine il logo della Bruno Editore, ma è l'ebook, il libro elettronico a parlare rivolgendosi ai suoi fan in prima persona.

In pochi mesi la mia Pagina ha raggiunto più di 1.200 iscritti e lo ha fatto senza ricorrere a strane tecniche che molti utilizzano per "gonfiare" il numero degli iscritti. Questi potrebbero per questo motivo essere bannati, ossia rischiano che venga loro proibito di accedere nuovamente a questi luoghi virtuali a causa di una violazione delle regole.

Ciò che considero eccezionale è l'interazione che si può stabilire tra la Pagina e il tuo blog. In questo modo, previa tua autorizzazione, i contenuti pubblicati sul blog vengono condivisi con la Pagina, portando nuovi aggiornamenti automatizzati e nuove visite che si convertono in nuovo traffico sul tuo blog e sui tuoi minisiti.

La tua Pagina ti consente, dunque, di comunicare tramite un meccanismo di distribuzione che sfrutta i canali di comunicazione degli utenti di Facebook, incluse le Notizie, le Attività recenti e la Posta. I profili degli utenti di Facebook sono reali e le loro comunicazioni con altri utenti sono reali, l'influenza sociale di tali notizie ha una straordinaria potenza. Gli utenti vogliono conoscere gli interessi dei propri amici e provare gli elementi che vengono loro consigliati.

Guardando un video, scrivendo la recensione di un prodotto o prendendo parte a un evento, il fan di una Pagina può generare Notizie sui profili degli amici. Poiché gli utenti possono accedere alla Pagina per interagire con essa, se questa è interessante può generare vantaggi grazie a un circolo virtuoso di attenzione da parte degli utenti.

SEGRETO n. 54: creare una Pagina ufficiale della tua organizzazione ti consente di pubblicare notizie e trarre vantaggi dall'attenzione prestata dagli utenti ai tuoi aggiornamenti.

Facebook rappresenta per numerosi utenti parte integrante della loro quotidianità: attraverso questo sito web di social network e i suoi diversi strumenti puoi essere certo di connetterti con persone reali, alle quali interessano i tuoi prodotti e che ti permettono di ampliare il tuo business online.

RIEPILOGO DEL GIORNO 8:

- SEGRETO n. 48: Facebook è uno strumento molto potente che ti permette di ampliare la tua rete di contatti e di incrementare il tuo business attraverso meccanismi molto semplici.

- SEGRETO n. 49: le relazioni che instauri sono il tuo capitale sociale. Seducile, conquistale e tramutale in business.

- SEGRETO n. 50: al momento dell'iscrizione è bene fornire tutte le indicazioni necessarie per essere rintracciati dagli altri utenti e indicizzati dal motore di ricerca interno. Anche la foto e la Bacheca sono mezzi per comunicare con gli altri.

- SEGRETO n. 51: la possibilità di sviluppare e diffondere applicazioni su Facebook è un'opportunità da cogliere. Puoi creare giochi e piccoli concorsi inerenti al prodotto che offri e ottenere dei risultati straordinari.

- SEGRETO n. 52: creare un quiz è semplicissimo e ti permette di pubblicizzare i tuoi prodotti non solo ai tuoi contatti, ma ad una rete composta di migliaia di utenti.

- SEGRETO n. 53: creare un Gruppo è un metodo molto semplice a cui puoi ricorrere per aggregare intorno a te persone interessate al tuo prodotto.

- SEGRETO n. 54: creare una Pagina ufficiale della tua organizzazione ti consente di pubblicare notizie e trarre vantaggi dall'attenzione prestata dagli utenti ai tuoi aggiornamenti.

CONCLUSIONE

Fare soldi online è possibile. Con un blog e le sue recensioni. Con un blog e i suoi prodotti. Con un blog e i suoi banner di affiliazione. Con un blog inteso come minisito. La struttura è sempre la stessa: motiva, informa e rassicura i tuoi clienti, perché altrimenti non compreranno. Individua i benefici cardine necessari per comunicare l'unicità del tuo prodotto. Cerca la *mucca viola* che è nel tuo prodotto, se non c'è devi crearla perché rimanga impressa e generi un passaparola. A questo punto, trasmetti le caratteristiche migliori e più appetibili del tuo prodotto in maniera accattivante, motivante.

Se pensi di poter vendere un prodotto solo facendo un'offerta, sbagli, perché non è il prezzo il dato cardine, o meglio, lo diventa in assenza di altre motivazioni. Il cliente potrebbe dire: "Non so nulla di questo prodotto, so che costa meno di altri, lo compro perché lo pago di meno. In fondo non ero neanche granché motivato, non so neanche cosa ci trovo dentro, tanto vale pagarlo poco". Conviene invece studiare il target dei tuoi clienti, così facendo puoi individuare stato attuale e desiderato ed esporre i **benefici**. La capacità del bravo venditore sta nel cogliere entrambe i modi di raggiungere lo stato desiderato, sia il "via da", che il "verso".

Puoi usare quelle strutture linguistiche che, mutuate dall'ipnosi, possono aiutarti a rievocare stati d'animo, emozioni. Parlo delle **domande rievocative**, le domande di approfondimento, domande nascoste, comandi nascosti, comandi negativi e citazioni. Puoi dire quello che vuoi, rievocando le sensazioni che sono più efficaci per la vendita del prodotto. Puoi riuscire a far star bene il tuo cliente attraverso l'uso del linguaggio, che è lo strumento più potente che abbiamo nella comunicazione via web.

Nei rapporti via internet, infatti, manca sia il paraverbale, ovvero il tono di voce che nella comunicazione fisica fra due persone ha il 38% di importanza, sia il non verbale, ovvero la gestualità, che vale il 55%. Quindi i contenuti, che in una comunicazione normale hanno un valore pari al 7%, qui arrivano a un valore pressoché pari al 100%. Una parola sbagliata o inserita in un punto sbagliato della frase, può farti perdere il cliente. La stessa cosa può accadere se informi prima di **motivare** o rassicuri prima di **informare**: ci deve essere il giusto equilibrio fra i pilastri. Ricorda che si compra con l'emozione, quindi prima è necessario che tu motivi il cliente: attira l'attenzione, solo dopo passa ad informare facendo sì che il cliente possa giustificare razionalmente l'acquisto. Sente che quello è il prodotto per sé, gli offre degli enormi benefici però costa parecchio, quindi deve giustificare a se stesso e agli altri la sua decisione.

Terza cosa devi **rassicurare**, il cliente comprerà anche perché non potrà comunque incappare in un imbroglio, tu lo garantisci da tutto, accollandoti qualsiasi rischio connesso all'acquisto. È un vero peccato, avendo un buon prodotto, lasciare andare dei clienti perché non efficacemente rassicurati. Rischi di perdere molti soldi e occasioni, nonché la possibilità di rendere felici tante persone, perché sai che il tuo è un buon prodotto e ci credi. Per cui devi tenere in valida considerazione, in valida attenzione tutte e tre queste componenti, senza trascurarne nessuna.

Poi lavora sull'usabilità del sito. Facilita l'acquisto del cliente inserendo un bel pulsante "ordina ora", scrivi con un carattere grande e chiaro, metti le parole più importanti in grassetto e distanzia bene i paragrafi tra loro. Leggere un testo tutto troppo uguale a se stesso potrebbe annoiare, se lo movimenti con questi stratagemmi, renderai tutto più interessante. Devi fare attenzione a questi particolari, anche perché leggere un testo su internet non è come leggere un libro cartaceo. Si ha fretta, si vola da un sito all'altro, non ci si intrattiene troppo anche perché molti pagano connessioni al consumo. Pertanto, se non vogliamo che i nostri utenti clicchino su altri siti, dobbiamo catturare la loro attenzione. La **newsletter** è un metodo per fidelizzarli anche se non dovessero comprare subito.

La differenza la fanno anche questi piccoli dettagli che possono apparire insignificanti ma assolutamente non lo sono. È lo studio della Programmazione Neuro-Linguistica che, per la prima volta in Italia, viene applicata al web marketing dei blog. La cosa più importante che devi fare, è impegnarti da subito utilizzando le tecniche che ti ho mostrato. Concentrati sul tuo sito ed ottimizzalo sfruttando tutte le strategie che hai letto, a partire dai più piccoli aspetti della comunicazione. Io stesso cambio molto spesso, e faccio mille test per capire come una pagina possa essere meglio pubblicizzata. Creo due pagine differenti per pubblicizzare lo stesso prodotto e poi, attraverso gli esiti della pubblicità a pagamento su Google AdWords, mi rendo conto di quale sia quella che vende meglio, una la elimino e l'altra la utilizzo. Se su 1.000 clic su una pagina totalizzo 5 vendite e su un'altra 40, ovviamente cerco di capire cosa sia il particolare che attira e affascina l'utente e lo ottimizzo al massimo. Ovviamente, per fare questi tipi di test e di statistiche, ho bisogno di un buon numero di clic, altrimenti non possono essere ritenuti attendibili.

Una delle cose più importanti che devi fare è ragionare da **utente**, capire quali sono le cose che ti attirerebbero, su quali ameresti essere informato e su quali rassicurato. Il web è una giungla ma è anche un'occasione di guadagnare e crearti rendite automatiche, non solo vendendo il prodotto oggetto della tua passione, ma appassionandoti realmente a ciò che fai. Ricordo, durante un mio corso di ricchezza, tenuto circa un anno e mezzo fa, di aver suggerito ai miei allievi alcune novità viste in siti americani poi riportate anche in siti italiani. Due esempi su tutti. Avevo appena visto su internet, navigando, un sito che noleggiava dvd a distanza, e mi ero chiesto: "Io posso andare a noleggiare un dvd da Blockbuster e poi riportarglielo, ma come si può noleggiare a distanza?". È stupefacente: con un canone mensile, circa 20 dollari, ti era possibile noleggiare, facendoteli spedire via posta, tutti i dvd che volevi, non c'era un numero limite. Poi, con calma, glieli rimandavi, e, magari, ne chiedevi altri. Mi ero chiesto come potessero rientrare della spesa, anche solo delle spedizioni, dato che pagavano loro sia all'andata che al ritorno. Fatto sta che ne ho parlato durante quel corso perché mi sembrava un'idea geniale. C'era in aula un ragazzo che aveva una videoteca, gli ho proposto di realizzare questa idea ma non mi ha ascoltato. Chi avrebbe potuto farlo meglio di lui che aveva già tutti i contatti per la fornitura? Dopo due mesi, di servizi simili era piena l'America e l'Italia.

Tuttora, se clicchi noleggio dvd, ti troverai tra i risultati qualche sito che offre questo servizio. Anche Amazon, che è il primo sito di commercio elettronico, la libreria online maggiore al mondo, noleggia dvd con questo sistema: canone mensile e tutti i dvd che vuoi. Perché lo fa? Perché ha calcolato che nessuno riesce a vedere più di 5-6 dvd al mese, è l'idea che attira molto, e riescono perfettamente a rientrare con le spese. Immagina di guadagnare

20 euro fissi al mese per milioni di persone, per un milione di persone totalizza 20 milioni di dollari. Oggi, a distanza di un po' di tempo, l'idea si è evoluta ancora: i video non solo si noleggiano ma si possono anche *scaricare direttamente online*, per vederteli sul computer. Ancora più geniale: nessun costo di produzione né di spedizione. Questo è il business di internet.

Altro esempio è un sito americano denominato <u>Million Dollar Homepage</u>. L'autore è un giovane ragazzo universitario. Il sito è molto confusionario, contiene centinaia di mini banner, mini pubblicità. Questa pagina è composta da un milione di pixel, mille per mille, lui ha venduto ogni singolo pixel, come spazio pubblicitario, per la cifra di un dollaro. Mille per mille, un milione di pixel, un milione di dollari. In sei mesi è riuscito a vendere tutti gli spazi pubblicitari. L'ultimo spazio rimasto lo ha venduto su eBay all'asta ed ha fatto oltre 60.000 dollari.

All'interno del sito troverai la sua storia. Racconta di aver cercato un metodo per fare soldi perché ne aveva bisogno per pagarsi gli studi universitari, costosissimi in America. La gente lo ha apprezzato per questo, le riviste e i siti web hanno parlato di lui, ed ha fatto la sua fortuna. Nella home page del sito ti motiva dicendoti: "Acquista un pezzo della storia di Internet", ha creato un'identità fortissima al suo sito.

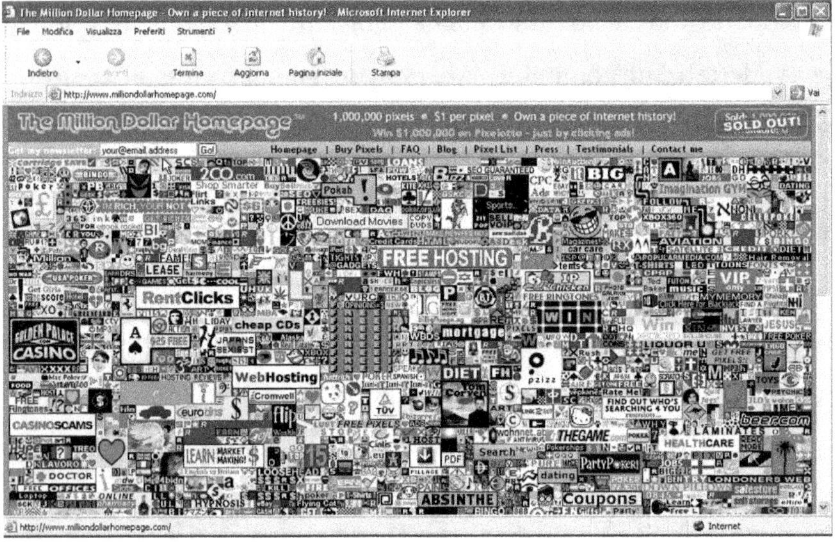

Un'idea geniale, ha creato un pezzo della storia di internet. La prima volta che l'ho visitato ho pensato: "Guarda che cosa stupefacente. Voglio comprare uno spazio anch'io". Sapevo che anche un banner molto piccolo, mi sarebbe costato una bella cifra dato il livello del sito, 100 x 100, fanno 10.000 dollari. Però la cosa essenziale è essere lì, avere lì il tuo marchio. In ogni caso non ho avuto la possibilità di farlo perché gli spazi erano già finiti.

Ovviamente, sono nati dei cloni di questo sito. Se ora cerchi "Million Dollar Homepage" su Google, trovi decine di siti identici, però semivuoti, con molti spazi ancora da vendere, perché l'interesse suscitato dal primo sito di quel tipo non si è riverberato sulle sue imitazioni. Ci sono tantissime idee sul web, da copiare ma anche da specializzare, ed è tutto a tua disposizione. Internet è un grande strumento, utilizzalo e datti da fare.

In questo modo puoi portare a te migliaia di visitatori. Puoi anche acquistare pubblicità su Google AdWords ma, in tal caso, non farlo prima di aver letto il mio libro Fare Soldi Online con Google, altrimenti rischi di spendere troppo senza ottimizzare annunci e campagne. Ma se il sito è fatto seguendo le strategie che hai imparato, ti basterà il passaparola a portare visitatori. Magari su cento uno solo compra, però può darsi che gli altri 99 segnalino il tuo sito a qualcun altro. Oppure dieci di loro, anche se non comprano, si iscrivono alla newsletter, perché comunque ricevono un ebook gratis, un corso online o qualsiasi altra cosa. Quindi se l'1-2% di persone che arrivano sul tuo sito comprano, e un buon 10% si iscrive alla newsletter e ti lascia dati, sono tutti risultati preziosissimi.

Trasformare i visitatori in clienti è meno facile, dipende da come strutturi il sito. La soluzione a questo è il minisito o il blog di recensioni. Questa strategia, di natura totalmente americana, è efficacissima benché spesso contraria ad alcuni principi di usabilità. Io sono un fautore dell'usabilità, però ho fatto degli esperimenti e mi sono reso conto che il minisito funziona ottimamente. È talmente focalizzato sull'**azione** da fare, che sia l'acquisto di un prodotto o l'iscrizione a una newsletter, che in ogni caso non ci sono vie di fuga e il cliente alla fine comprerà. È un po' come il principio della One Time Offer, il principio della scarsità: prendi una decisione ora o perdi l'opportunità per sempre. Dipende da come poni l'alternativa. Lo fai nel modo corretto se metti in evidenza i benefici e motivi al massimo il cliente, cogliendo i suoi desideri.

Poi se lo informi e soddisfi anche la sua parte razionale e lo liberi dalle paure sull'acquisto a distanza assumendoti tutto il rischio connesso all'operazione, è quasi certo che la vendita andrà a buon fine, è sufficiente che tu gli chieda di ordinare. Gli puoi mettere un po' più di fretta utilizzando qualche piccolo accorgimento, aiutandoti con i principi della persuasione cioè coerenza, scarsità, contrasto, autorità, riprova sociale, reciprocità.

Ma non pensare che i principi della persuasione possano bastare da soli, che possano risolvere i problemi di un sito fatto male. Io dico sempre, soprattutto durante il corso sulla persuasione, che se si usano queste tecniche per convincere qualcuno ad agire in un modo in cui non crede al solo fine di fargli acquistare un prodotto non valido, al 90% si fallisce nell'intento. Se poi, per puro caso ci si riesce, la persona non sarà comunque soddisfatta e non si creerà il rapporto etico di cui parlo. Il prodotto tornerà indietro, la persona parlerà male del venditore e sarà un disastro.

Le tecniche di persuasione servono sì a chiudere una vendita ma non nel senso di truffare il cliente, bensì nel senso di velocizzare il processo. Se non offri un prodotto valido, non motivi e informi adeguatamente quello che potrebbe diventare un cliente, non arriverà neanche al pulsante dell'ordine, puoi esserne certo.

Per il pagamento, utilizza il pulsante "Paga Subito" di PayPal. Il cliente decide di acquistare il prodotto, paga e ti arrivano i soldi. Puoi aumentare il prezzo della vendita, utilizzando l'Upsell e la One Time Offer. Strategie di vendita e di marketing da utilizzare durante e dopo l'acquisto. Durante l'acquisto utilizza l'Upsell dicendo: "Bene, aggiungi a questo prodotto che stai per comprare anche questo, questo e quest'altro", come dire: "Hai fatto 30, fai 31". Questa era una frase ricorrente di mia moglie durante l'organizzazione del matrimonio: "Ormai abbiamo fatto questo, facciamo anche quest'altro", e siamo arrivati a spendere molto di più del previsto!

La One Time Offer, invece, si utilizza ad acquisto avvenuto. Si tratta di una strategia straordinaria, che nessuno usa, per sfruttare le pagine morte, come quelle dei link inattivi. La gente arriva lì, non ci trova nulla e se ne va, così, il commerciante, perde la possibilità di farne degli strumenti di guadagno. Perché lasciarsi scappare occasioni ed opportunità? Tu sfrutta anche quelle. Così, dopo aver omaggiato il cliente di un ebook, proponigli una One Time Offer: "Bene, ora hai scaricato un ebook, sei interessato all'argomento? Cogli al volo l'opportunità rappresentata da questa offerta perché non la vedrai mai più, appare solo iscrivendosi. Se provi a ricaricarla non la troverai perché inserisci un indirizzo già noto al database e il sistema ti blocca".

Infine, come ti garantisci il ritorno di chi ha comprato? Raccogliendo gli indirizzi **email** di chi si iscrive. Fornisci i servizi che hai promesso in cambio del loro indirizzo email, non si pentiranno di averti ceduto i loro dati. In questo modo otterrai quella che è la vera ricchezza a lungo termine. Avrai una base di persone che davvero ti ammirano, ti seguono, credono in te, ti danno fiducia e a cui devi rispondere con fiducia. Offri prodotti di qualità, rispetta i loro valori, la loro etica, la tua etica.

Le strategie sono facili, chiarissime, spiegate bene una per una e distinte fra loro, però, se non ti impegni, non ottieni risultati. Quindi se dici: "Adesso so tutto e mi faccio tutti i miei piani di sviluppo perché sono abituato così", e nel frattempo non ti muovi, perdi tempo. La questione è che ogni giorno che ritardi sono soldi che perdi, vale la pena farlo o no? Io ti ho parlato di ebook perché è quello di cui tratto, però puoi inventarti di tutto, dal noleggio di dvd al Million Dollar Homepage e tante altre cose. Io ti dico che il lavoro non finisce qui, a fine lettura. Inizia adesso, pensa che hai una possibilità concreta, diversamente da altri settori, di creare una rendita automatica vera, di creare un acquedotto che, a lungo termine, ti può portare veramente tanto successo.

Buon lavoro!
Giacomo Bruno

Azione

1. **Guadagna con il tuo blog scrivendo recensioni:**

   - **Iscriviti a uno o più programmi di affiliazione.**

   - **Scrivi recensioni sui prodotti che rivendi.**

   - **Segui lo schema Motivare – Informare - Rassicurare per ciascuna recensione.**

2. **Guadagna con il tuo blog inserendo banner pubblicitari:**

   - **Iscriviti a un programma di affiliazione.**

   - **Inserisci banner che ti pagano non a clic ma a commissione sulle vendite.**

   - **Aggiorna il tuo blog con articoli interessanti per ricevere traffico dai motori di ricerca.**

   - **Segui lo schema Motivare – Informare - Rassicurare per ciascun articolo.**

   - **Crea una newsletter dove le persone possano iscriversi per essere aggiornati sui tuoi articoli e ricevere omaggi.**

3. **Guadagna con il tuo blog usandolo come Minisito:**

- **Crea un tuo prodotto o iscriviti a programmi di affiliazione.**

- **Crea una newsletter dove le persone possano iscriversi per essere aggiornati sui tuoi articoli e ricevere omaggi.**

- **Segui lo schema Motivare – Informare - Rassicurare per presentare la scheda del prodotto.**

- **Crea offerte aggiuntive durante (upsell) e dopo (oto) l'acquisto.**

- **Ricontatta i tuoi clienti tramite email per altri prodotti.**